新試験対応版

よく出る順で
ホントにわかる
英検®準2級

shinko publishing
新興出版社

はじめに

「はじめて英検を受けたい」「英語がニガテ」だけど「合格したい！」
そんなあなたのためにこの本をつくりました。

この本は，英語の基礎学習を“ひとつずつ　すこしずつ”できるようになっています。
英語が苦手な人も，はじめて英検を受ける人も，
無理なく学習できて，自然に合格につながります。

この1冊をやりきって，英検合格を目指しましょう。

このステップで
ホントにわかる！

この本の使い方

はじめに → 次に → 仕上げに

 よんで わかる

イラストと文章でまとめた解説ページを
よんで内容をインプットしましょう。

✏️ **といて わかる**

よんだ範囲の問題をといてみましょう。
わからない問題があったら前のページに
戻ってOK。

❗ホントにわかる
確認の テスト

これまで学習した内容を確認することが
できます。

いっしょに「解き方動画」も視聴しよう！
わからないときや，くわしく教えてほしいときは
無料の解き方動画を見ながら学習しましょう。
※動画の視聴方法は右ページで紹介します。

よんで
わかる → といて
わかる

わからない
ときは
？

確認のテスト

解き方動画

ポケットリスニングを使って，「といてわかる」「確認のテスト」の音声を聞くことができます。
リスニングの単元は，音声を聞きながら問題を解きましょう。

① App Store や Google Play で
「ポケットリスニング」と検索し
専用アプリ「ポケットリスニング」
をインストールしてください。

②「ストア」内の「英検」を選択し
お買い求めいただいた級を
ダウンロードすると
音声を聞くことができます。

▶ 動画の視聴方法

対応 OS：iOS 12.0 以上（iPad，iPhone，iPod touch 対応） ／ Android 6.0 以上

① App Store や Google Play で「スマレク ebook」と検索し，専用アプリ「スマレク ebook」をインストールしてください。

② 「スマレク ebook」で専用のカメラを起動し，紙面にかざすと解き方動画が再生されます。

[AR カメラ] をタップしてカメラを起動します。

カメラを紙面にかざします。

解き方動画が再生されます。

※動画の視聴には別途通信料が必要となりますので，ご注意ください。

〈 紙面の紹介 〉

重要ポイントをわかりやすくまとめています。

左ページの内容を理解できたかチェックできます。

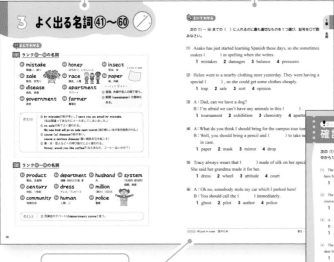

◀ よんでわかる＆といてわかる
※一部見開きになっていない場合があります。

学んだ内容を復習できます

問題のポイントがのっています。

▲ 確認のテスト

よく出る単語・熟語や表現がサクッと復習できます。

◀ 別冊「直前チェックBOOK」

試験会場にも持っていきやすい別冊になっています。取り外して使ってください。

3

もくじ

受験のてびき ---------- 6
3級までの復習 ---------- 10

1章 名詞

1 よく出る名詞①〜⑳ ---------- 12
2 よく出る名詞㉑〜㊵ ---------- 14
3 よく出る名詞㊶〜(60) ---------- 16
4 よく出る名詞(61)〜(80) ---------- 18
5 よく出る名詞(81)〜(100) ---------- 20

確認のテスト① ---------- 22

もっとよく出る！準2級の名詞 ---------- 24

1章 動詞

6 よく出る動詞①〜⑳ ---------- 26
7 よく出る動詞㉑〜㊵ ---------- 28
8 よく出る動詞㊶〜(60) ---------- 30
9 よく出る動詞(61)〜(80) ---------- 32

確認のテスト② ---------- 34

もっとよく出る！準2級の動詞 ---------- 36

1章 形容詞・副詞・接続詞・前置詞

10 よく出る形容詞①〜⑳ ---------- 38
11 よく出る形容詞㉑〜㊵ ---------- 40
12 よく出るその他の品詞 ---------- 42

確認のテスト③ ---------- 44

もっとよく出る！準2級の形容詞・副詞・接続詞・前置詞 ---------- 46

1章 熟語

13 よく出る熟語①〜⑯ ---------- 48
14 よく出る熟語⑰〜㉜ ---------- 50
15 よく出る熟語㉝〜㊽ ---------- 52

確認のテスト④ ---------- 54

もっとよく出る！準2級の熟語 ---------- 56

1章 文法

16 先行詞のない関係代名詞，非制限用法 ---------- 58
17 動名詞と不定詞の使い分け ---------- 60
18 関係副詞，複合関係詞 ---------- 62
19 分詞構文 ---------- 64

4章 ライティング

34 ライティングの解き方 ---------- 98
35 ライティングの文の組み立て方 ---------- 100
36 使える接続詞・フレーズ ---------- 102

確認のテスト⑦ ---------- 104

20 仮定法① ---------- 66
21 仮定法② ---------- 68
22 不定詞 ---------- 70
23 助動詞 ---------- 72

確認のテスト⑤ ---------- 74

5章 リスニング

37 リスニングの傾向と対策 ---------- 108
38 リスニング　第1部 ---------- 110
39 リスニング　第2部① ---------- 112
40 リスニング　第2部② ---------- 114
41 リスニング　第2部③ ---------- 116
42 リスニング　第3部① ---------- 118
43 リスニング　第3部② ---------- 120

確認のテスト⑧ ---------- 122

模擬試験 ---------- 124
二次試験面接対策 ---------- 140

2章 会話表現

24 会話表現の解き方 ---------- 76
25 勧誘・提案①（カジュアル） ---------- 78
26 勧誘・提案②（フォーマル） ---------- 80
27 電話・道案内①（たずねる側） ---------- 82
28 電話・道案内②（たずねられた側） ---------- 84

確認のテスト⑥ ---------- 86

本文イラスト：内田コーイチロウ

3章 長文

29 長文3ABの解き方 ---------- 88
30 長文4ABの解き方 ---------- 90
31 長文3AB　練習問題 ---------- 92
32 長文4A　練習問題 ---------- 94
33 長文4B　練習問題 ---------- 96

英検®準2級 受験のてびき

英検は，小学生から社会人まで幅広い層が受験する実用英語技能検定です。その資格が，高校・大学の入学試験などで優遇されたり，海外留学時の語学力証明に認定されたりしています。英検には，「従来型」と「英検S-CBT」の2つの試験方式があります。これから，年3回実施される「従来型」についての申し込み方や試験の日程などをご紹介します。なお，英検S-CBT については，日本英語検定協会のホームページでご確認ください。

試験日程と注意点

試験は年3回実施されます。

一次試験〈筆記試験〉

| 第1回／6月頃 | 第2回／10月頃 | 第3回／1月頃 |

受験の**申込締切**は，一次試験のおよそ**1か月前**です。
試験実施日は会場によって異なります。
試験会場は，全国に設置されています。自宅近くの会場や自分が通う学校，塾などで受験することができます。

✔ **一次試験にあたって**

一次試験では，**筆記試験（75分）**の後に，**リスニングテスト（約25分）**が行われます。
受験の目安は「**高校中級程度**」で，試験では「日常生活に必要な英語を理解し，また使用することができる」かどうかを審査します。なお，以下は技能別の審査基準です。

- **読む（リーディング）** 日常生活の話題に関する**文章を理解**することができる。
- **聞く（リスニング）** 日常生活の話題に関する**内容を理解**することができる。
- **話す（スピーキング）** 日常生活の話題について**やりとりする**ことができる。（二次試験）
- **書く（ライティング）** 日常生活の話題について**書く**ことができる。

解答は「**マークシート**」方式で，**英作文問題が記述式**になります。
試験では，**HBの黒えんぴつ**，または，**シャープペンシルと消しゴム**が必要です。
サインペン・ボールペンなどは使用できません。

二次試験〈面接試験〉

一次試験の合格者は，二次試験を受験することができます。
面接委員から問題カードが渡され，英語で話し合います。自分の考えを伝えましょう。

▌申し込みから一次試験当日までの流れ

① 申し込み

個人での申し込みと団体での申し込みがあります。検定料を支払って申し込みます。
個人で申し込む場合は，以下の3つの方法があります。

> インターネット申し込み　コンビニ申し込み　特約書店申し込み

② 一次受験票到着

受験票が届いたら，内容を確認しましょう。
特に，**受験時間と受験会場はまちがえないようにしっかり確かめましょう。**
家から受験会場までの行き方を調べておきましょう。

③ 前日までの準備

試験会場に持っていくものを準備しておきましょう。

✔**持ち物リスト**
□ 一次受験票　□ 身分証明書　□ HBの黒えんぴつ，または，シャープペンシル
□ 消しゴム　　□ うわばき（受験票で必要かどうかを確認）
□ 腕時計（携帯電話での代用不可）

④ 一次試験当日

❶ 着席時間前に会場に着くように，**早めに家を出ましょう。**
❷ 会場に着いたら，受験する**教室に移動**します。
　　着席時間以降は，原則，解散まで席を離れることができません。
❸ 教室に入ったら，放送などの指示に従って，解答用紙に**必要事項を記入**します。
❹ 試験開始の合図で筆記試験を始めます。

▌一次試験の合否判定

一次試験で**リーディング，ライティング，リスニングの3技能**が判定されます。
それぞれで問題数は異なりますが，スコアは均等に配分されています。
リーディング600点，ライティング600点，リスニング600点の**合計1800点**で，
合格基準スコアは1322点です。

一次試験の内容

① 筆記試験〈75分〉

		形式・課題	問題数	解答形式
リーディング	問題1	[短文の語句空所補充] 文脈に合う適切な語句を補う。	20	4肢選択
	問題2	[会話文の文空所補充] 文脈に合う適切な文や語句を補う。	5	
	問題3	[長文の語句空所補充] 3A　物語文の空所に合う語句を補う。 3B　説明文の空所に合う語句を補う。	2 3	
	問題4	[長文の内容一致選択] 4A　Eメールの内容に関する内容に答える。 4B　説明文に関する内容に答える。	3 4	
ライティング	問題5	[英作文] 質問に対する回答を英文で書く。	1	記述式

② リスニングテスト〈約25分〉

		形式・課題	放送回数	問題数	解答形式
リスニング	第1部	[会話の応答文選択] 会話の最後の発話に対する応答として最も適切なものを補う。	1	10	3肢選択 (選択肢は読み上げ)
	第2部	[会話の内容一致選択] 会話の内容に関する質問に答える。	1	10	4肢選択 (選択肢は印刷)
	第3部	[文の内容一致選択] 短い物語文や説明文の内容に関する質問に答える。	1	10	

→ 主な場面・題材

場面・状況	家庭，学校，職場，地域（各種店舗・公共施設を含む），電話，アナウンスなど
話題	家族，趣味，旅行，買い物，スポーツ，映画，音楽，食事，天気，道案内，海外の文化，人物紹介，歴史，教育，科学，自然・環境など

■ 二次試験の内容　英語での面接〈約6分〉

	形式・課題	問題数	解答形式
ス ピ ー キ ン グ	50語程度のパッセージ(文章)を読む。	1	個人面接 面接委員1人
	音読したパッセージについての質問に答える。	1	
	イラスト中の人物の行動を描写する。	1	
	イラスト中の人物の状況を説明する。	1	
	カードのトピックに関連した内容の質問に答える。	1	
	日常生活の身近な事柄についての質問に答える。	1	

→ 日常生活の話題として，過去に出題された例

ホームシアター，ボランティアガイド，電子辞書，食品フェア，映画祭，プリペイドカード

本書を使った学習のポイント

出題傾向を理解し，効率よく学習する

本書では，過去の問題を徹底的に分析した上で，**よく出る単語や熟語，文法**などの順に構成し，よく出題される場面・題材や問題のパターンを扱っています。本書で学習することで，出題傾向を理解しながら，**効率的に学習を進めることができます**。解けない問題がある場合は，**解き方動画を活用**しましょう。また，実際の試験の設問順に学習することができるので，必要な技能を自然に身につけることができます。

ライティング対策を忘れずに

一次試験のリーディング，リスニング，ライティングのそれぞれのスコアの合計点は均一に配点されていますが，問題数としては，リーディングが多く，ライティングは記述式の問題のみとなります。つまり，ライティングについては，短期間でしっかり対策しておけば，**全体のスコアの1/3をカバー**したことになります。もちろん，リーディング，リスニングについてもしっかり対策しておきましょう。

二次試験の面接もしっかり対策

面接委員と話す内容を対策することの他にも，**入室から退室までの一連の流れを理解**しておくと，試験当日も落ち着いて話すことができます。**面接動画を活用**しましょう。

英検の詳しい内容については，以下のURLをご参照ください。

公益財団法人　日本英語検定協会　英検ウェブサイト： **https://www.eiken.or.jp**

3級までの復習

準2級の学習を始める前に、復習して
おきたい文法事項を確認しましょう。

関係代名詞

名詞の後ろに続けることで，名詞を修飾する文になります。

◉ 関係代名詞のあとにすぐ動詞がくる文

I know a boy. + He sings well.

（私は男の子を知っています。）　　　　（彼は上手に歌います。）

2文目はa boyを説明しています。主語の位置にheがあります。
上の2つの文を1文にしてみましょう。

先行詞を修飾する

2文目が主語の場合関係代名詞の後は動詞が来る。

I know a boy who sings well.

先行詞

（私は上手に歌う男の子を知っています。）

先行詞が「もの」「動物」などの場合関係代名詞は that, which を使うよ！

関係代名詞whoを使うのは，先行詞が「人」の場合のみです。

◉ 関係代名詞のあとに主語＋動詞がくる文

I have a bag. + My mother bought it last year.

（私はかばんを持っています。）　　　　（私の母が昨年それを買いました。）

2文目はa bagを説明しています。目的語の位置にitがあります。
上の2つの文を1文にしてみましょう。

先行詞を修飾する　　　　　　　**目的語は省略される**

I have a bag which my mother bought last year.

先行詞　　　（私は昨年母が買ったかばんを持っています。）

準2級ではさらに関係代名詞が発展した形を学習するので，今のうちにしっかり復
習しておきましょう。

不定詞

不定詞の形を復習しましょう。

● 名詞的用法（〜すること）

「〜すること」

I like **to play** tennis.

（私はテニスをすることが好きです。）

名詞的用法の時は
to＋動詞の原形と
動詞のing形は
同じ意味になります。

● 副詞的用法（〜するために，〜することで）

「〜するために」

I go to the park **to play** tennis.

（私はテニスをするために公園に行きます。）

I am happy **to hear** that. （私はそれを聞いてうれしい。）

→ 不定詞以下が、happyという感情の原因になっている。

● 形容詞的用法（〜するための，するべき）

「〜するべき」

I have a lot of things **to do**.

（私はするべきことがたくさんある。）

11

1　よく出る名詞①〜⑳

月／日

📖 よんでわかる

1 ランク①〜⑩の名詞

① **store** 店, 商店　　⑤ **date** 日付, 年月日　　⑨ **plant** 植物, 草木

② **idea** 考え　　⑥ **ocean** 大洋, 海洋　　⑩ **event** 出来事, 行事

③ **art** 芸術, 美術　　⑦ **plane** 飛行機

a pair of shoes
④ **shoe** 靴 　　⑧ **care** 注意, 世話

いっしょに覚えよう
① 色々な商品を売る店のこと。

ポイント
② 会話文ではThat's a good idea. (それは良い考えだ。)が出ることが多い。
⑧ take care of 〜の形が多い。
　I take care of my little sister. (私は妹の世話をします。)

2 ランク⑪〜⑳の名詞

⑪ **chance**
可能性, 見込み

⑫ **environment**
環境, 周囲

⑬ **project**
計画, 企画

⑭ **result**
(〜の)結果, 結末

⑮ **area**
地域, 地方, 地帯

⑯ **clothes**
衣服, 着物

⑰ **scientist**
科学者

⑱ **toy**
おもちゃ, 玩具

⑲ **soap**
せっけん

⑳ **bakery**
パン屋, パン製造所

いっしょに覚えよう
⑫ 「(周囲の)状況, 事情, 環境」
ならcondition

ポイント
⑪ have a chance to doの形が多い。
　I have a chance to go on business trips. (私は出張に行く機会があります。)
⑭ As a resultの形が多い。As a result, few people drive their cars
　to work. (結果として, ほとんどの人々が仕事へ行くのに車を運転しない。)

 **といて わかる**

次の (1) 〜 (6) までの (　) に入れるのに最も適切なものを1つ選び，記号を〇で囲みなさい。

(1) Sally's mother asked her to go to the (　　　　) because she needed some eggs for dinner tonight.

1 store　　**2** aisle　　**3** company　　**4** journey

(2) A : I've been studying for more than eight hours. I think I'd better take a rest.

B : That's a good (　　　　). It's not good for you to work so hard.

1 chance　　**2** idea　　**3** deal　　**4** grade

(3) Before Tony saw a painting by Pablo Picasso, he wasn't interested in (　　　　). However, now he wants to learn more about it.

1 cost　　**2** risk　　**3** art　　**4** prize

(4) A : Mom, I can help you carry that package.

B : Thanks, I'd like you to carry it with (　　　　). It's very delicate.

1 lie　　**2** total　　**3** care　　**4** ease

(5) A : Did your job interview go well yesterday?

B : I was too nervous to speak well, so I don't think I have any (　　　　) to get the job.

1 purpose　　**2** secret　　**3** idea　　**4** chance

(6) We have a lot of (　　　　) that need to be cleaned every day because we are a big family. We usually do laundry three times a day.

1 signals　　**2** clothes　　**3** degrees　　**4** patterns

ヒント (2) take a rest　休憩する

(5) too 〜 to ...　〜すぎて…できない

📖 よんでわかる

1 ランク㉑〜㉚の名詞

㉑ information
情報，報告

㉒ owner
所有者，持ち主

㉓ reason
（〜の／〜する）理由，わけ

㉔ garbage
生ごみ，（一般の）ごみ

㉕ order
順序，順番

㉖ price
値段，価格

㉗ report
報告（書）

㉘ tour
旅行，周遊旅行

㉙ trouble
困難，悩み

㉚ Internet
インターネット

> **いっしょに覚えよう**
>
> ㉖ 商品自体の値段がprice。「（全体にかかった）費用，価格」ならcost
>
> ㉘ いろいろな旅行を意味するもっとも一般的な語はtrip，特別な意味や目的があって，時間も距離も長い旅行はjourney
>
> ㉙「（数学・科学などの）問題」ならproblem

> **ポイント**
>
> ㉕ in order to 〜の形で使われる。
> In order to avoid the heavy traffic, we leave early every morning.
> （交通渋滞を避けるために私たちは毎朝早く出発します。）
>
> ㉙ have trouble with 〜の形が多い。I am having troubles with my bike.（私は自転車に問題を抱えています。＝自転車が壊れています）

2 ランク㉛〜㊵の名詞

㉛ president
大統領，社長

㉜ space
余地，余白，宇宙

㉝ culture
文化

㉞ grade
等級，段階

㉟ gym
体育館

㊱ vegetable
野菜

㊲ volunteer
ボランティア，有志

㊳ website
ウェブサイト

㊴ fact
事実，現実

㊵ medicine
薬，医薬品

> **いっしょに覚えよう**
>
> ㊴ 実際に存在するという意味の「現実」ならreality，目に見えない「真実」ならtruth

> **ポイント**
>
> ㊴ in factの形で使われる。In fact, he is sick.（実は，彼は病気です。）

次の (1) ～ (6) までの （　） に入れるのに最も適切なものを 1 つ選び，記号を〇で囲みなさい。

(1)　Peter had to prepare for a presentation about World War II. So, he searched the Internet to find more （　　　） about the topic.

　　1 option　　**2** surface　　**3** information　　**4** field

(2)　Seats will be filled from the front row in （　　　） of reservation, so please understand that seats may not meet your expectations.

　　1 package　　**2** case　　**3** judge　　**4** order

(3)　That grocery store is very popular around here because its （　　　） are very low. Many people go there to buy cheap food.

　　1 labels　　**2** degrees　　**3** origins　　**4** prices

(4)　A : I've just finished the （　　　） I had to write today. How about you?

　　B : I've almost done. It will take me another 10 minutes.

　　1 experiment　　**2** memory　　**3** report　　**4** furniture

(5)　Brian was one of this company's best （　　　） because he had great leadership skills. Thanks to him, the company made huge profits.

　　1 presidents　　**2** models　　**3** ancestors　　**4** lawers

(6)　A : Bill, your （　　　） weren't very good last year. You should study harder this year.

　　B : OK, Mom. I'll do my best.

　　1 grades　　**2** heights　　**3** talents　　**4** methods

ヒント　(3) grocery store　食材品店

　　　　(6) do *one's* best　最善をつくす

答え ▶ 別冊 **p.2**

3 よく出る名詞㊶～(60)

月　日

よんでわかる

1 ランク㊶～㊿の名詞

㊶ mistake
間違い，誤り

㊷ sale
販売，安売り

㊸ disease
病気，疾患

㊹ government
政府

㊺ honey
はちみつ，いとしい人

㊻ race
競走，人種

㊼ apartment
アパート

㊽ farmer
農場主

㊾ insect
昆虫，虫

㊿ paper
紙，用紙

a piece of paper

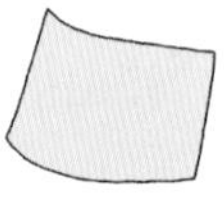

いっしょに覚えよう

㊺ 普通，夫婦や恋人の間で使う。

㊿ 新聞（newspaper）の意味もある。

ポイント

㊶ by mistakeの形が多い。I sent you an email by mistake.（私は間違ってあなたにメールをしてしまいました。）

㊷ on saleの形でよく使われる。
His new book will go on sale next month.（彼の新しい本が来月発売される。）

㊸ cause (a) diseaseの形が多い。
cause a serious disease（重い病気を引き起こす）

㊺ 妻・夫・恋人などへの呼び掛けによく使われる。
Honey, would you like coffee?（ねえあなた，コーヒーはいかが？）

2 ランク(51)～(60)の名詞

(51) product
製品，生産物

(52) century
世紀，1世紀

(53) community
地域社会

(54) department
（組織・会社などの）部，課

(55) dress
ドレス，ワンピース

(56) human
人間，人

(57) husband
夫

(58) million
（数の）100万

(59) police
警察

(60) system
（社会的・政治的）組織，制度

ポイント

(54) 百貨店のデパートはdepartment storeと言う。

といてわかる

次の (1) ～ (6) までの (　) に入れるのに最も適切なものを1つ選び，記号を○で囲みなさい。

(1) Asako has just started learning Spanish these days, so she sometimes makes (　　　) in spelling when she writes.

1 mistakes　　**2** damages　　**3** balance　　**4** pressures

(2) Helen went to a nearby clothing store yesterday. They were having a special (　　　), so she could get some clothes cheaply.

1 trap　　**2** sale　　**3** sort　　**4** opinion

(3) A : Dad, can we have a dog?
　　B : I'm afraid we can't have any animals in this (　　　).

1 tournament　　**2** exhibition　　**3** chemistry　　**4** apartment

(4) A : What do you think I should bring for the campus tour tomorrow?
　　B : Well, you should bring a pencil and (　　　) to take notes just in case.

1 paper　　**2** mask　　**3** mirror　　**4** drop

(5) Tracy always wears that (　　　) made of silk on her special day. She said her grandma made it for her.

1 dress　　**2** wheel　　**3** attitude　　**4** court

(6) A : Oh no, somebody stole my car which I parked here!
　　B : You should call the (　　　) immediately.

1 ghost　　**2** pilot　　**3** author　　**4** police

ヒント (4) just in case　念のため

4 よく出る名詞⑥①〜⑧⓪

月 / 日

📖 よんでわかる

1 ランク⑥①〜⑦⓪の名詞

⑥① theater
劇場，映画館

⑥⑤ meal 食事

⑥⑨ accident
事故，災難

⑥② activity
活動，行事

⑥⑥ research 研究，調査

⑦⓪ boss （職場の）上司，上役

⑥③ face 顔

⑥⑦ staff
職員，部員

⑥④ island 島

⑥⑧ swimming 水泳，泳ぎ

> 📎 いっしょに覚えよう
> ⑥③ **face**は額からあごまで、**head**は頭全体を指す。

ポイント
⑥⑥ 動詞で「〜を研究する，調査する」という意味もある。動詞は後ろにアクセントがくる。
⑥⑨ **cause an accident**（事故を引き起こす）で使うことが多い。

2 ランク⑦①〜⑧⓪の名詞

⑦① cancer がん

⑦⑤ customer
顧客，取引先

⑦⑨ grass
草，牧草，芝

⑦② cell 細胞

⑦⑥ fuel 燃料

⑧⓪ guard 警備員，ガードマン

⑦③ center
（〜の）中心，中央

⑦⑦ future 未来，将来

⑦④ contest
コンクール，競技会

⑦⑧ goal ゴール，目標

> 📎 いっしょに覚えよう
> ⑦① 星座のかに座も同じ**cancer**

ポイント
⑦② cellular phoneの略でcell phoneで使うことが多い。
I called him on the cell phone.（彼に携帯電話で電話した。）
⑦⑥ fossil fuel（石油）の形で使うことが多い。
This factory uses a lot of fossil fuel.（この工場は石油をたくさん使う。）
⑦⑦ in the futureで使うことが多い。
I want to become a singer in the future.（私は将来歌手になりたい。）

といてわかる

次の (1) ～ (6) までの （　） に入れるのに最も適切なものを 1 つ選び，記号を〇で囲みなさい。

(1) I learned that having three (　　　　) a day is a relatively modern idea and that there are scientists who think we should eat only once a day.

 1 dishes **2** meals **3** warnings **4** times

(2) There was a road (　　　　) involving a bus early this morning. There were more than ten people injured, and some were very seriously.

 1 closure **2** block **3** accident **4** repair

(3) A : My (　　　　) asked me if I'm satisfied with my job. I wonder if she has realized that I'm looking for another job.

 B : It's possible, but she is not someone who harasses her staff for that.

 1 boss **2** client **3** colleague **4** relative

(4) The doctor says I show some symptoms that indicate damaged brain (　　　　). He says that we need more tests to determine what should be done.

 1 cells **2** surgery **3** operations **4** failure

(5) Doing (　　　　) satisfaction surveys regularly is a good way to identify what leads to satisfaction and dissatisfaction. It helps offer better products and service.

 1 employer **2** customer **3** customs **4** student

(6) At Anne's school, whether security (　　　　) should be armed has been discussed heatedly after the recent school shooting incidents.

 1 risks **2** guards **3** fences **4** measures

ヒント (3) wonder if ～　～ではないかと思う　　harass　苦しめる，悩ます
(4) symptom　兆候

月 / 日

📖 よんでわかる

1 ランク ⑧⑴〜⑨⑼ の名詞

⑧⑴ **light** 光, 明るさ

⑧⑵ **past** 過去, 昔

⑧⑶ **pie** パイ

⑧⑷ **present** 現在, 今, 贈り物

⑧⑸ **recipe** （料理の）調理法, レシピ

⑧⑹ **skill** 腕前, うまさ

⑧⑺ **tool** 道具, 工具

⑧⑻ **advice** 忠告, 助言

⑧⑼ **flight** 飛ぶこと

⑨⑼ **neighbor** 近所の人, 隣人

> **いっしょに覚えよう**
> ⑧⑺ 精密な道具は instrument

> **ポイント**
> ⑧⑵ in the past の形でよく使われる。
> In the past, I met that man.（昔, 私はその男性に会った。）
> ⑧⑹ learn 〜 skills の形でよく使われる。
> learn cooking skills（料理の技術を身に付ける）
> ⑧⑻ ask for advice の形でよく使われる。
> I asked for his advice.（私は彼に助言を求めた。）

2 ランク ⑨⑴〜⑽ の名詞

⑨⑴ **professor** （大学の）教授

⑨⑵ **reservation** （部屋などの）予約

⑨⑶ **schedule** 予定［計画］（表）

⑨⑷ **suit** スーツ

⑨⑸ **charity** 慈善, 寄付

⑨⑹ **chemistry** 化学

⑨⑺ **clothing** 衣類, 衣料

⑨⑻ **experience** 経験, 体験

⑼⑼ **fair** 博覧会, 展示会

⑽ **instrument** 道具, 器械

> **いっしょに覚えよう**
> ⑨⑴ 「助教授」は
> assistant professor という

> **ポイント**
> ⑨⑻ have experience の形でよく使われる。
> He has a lot of teaching experience.（彼は教育経験が豊富だ。）

次の (1) ～ (6) までの (　) に入れるのに最も適切なものを１つ選び，記号を○で囲みなさい。

(1)　A : Dave, don't forget to put on sunscreen and wear your hat. You know getting too much ultraviolet (　　　) is not good for your skin.

　　B : Funny to say that in old days, suntanned skin was a symbol of good health.

　　1 color　**2** emission　**3** light　**4** photo

(2)　A : Is handwriting becoming a thing of (　　　) ? I don't remember the last time I wrote anything.

　　B : Me, neither. I've even stopped sending Christmas cards. I just text "Merry Christmas."

　　1 past　**2** fashion　**3** year　**4** curiosity

(3)　There was a big earthquake at three o'clock today. (　　　), no casualties have been reported.

　　1 At the time　**2** In time　**3** In short　**4** At present

(4)　Emi enjoyed her first trip to Europe very much, though she felt very anxious when her return (　　　) to Japan was delayed and she had to wait at the airport for about four hours.

　　1 train　**2** arrival　**3** limousine bus　**4** flight

(5)　Tom can't sleep well these days. He is (　　　) writing his new novel, and he is worried he won't meet the deadline.

　　1 in place　**2** behind schedule　**3** out of place　**4** on schedule

(6)　Greg has been interested in science since he was a child, so he plans to study (　　　) at a college in New York now.

　　1 literature　**2** economy　**3** politics　**4** chemistry

ヒント (1) put on sunscreen　日焼け止めをぬる

　　　(3) casualty　死傷者

! ホントにわかる
確認のテスト①

月　　　　日

次の (1) から (12) までの（　　）に入れるのに最も適切なものを**1**，**2**，**3**，**4**の中から1つ選びなさい。

(1)　The pilot had great skill, and the （　　　） landed safely in the storm. He became a hero for saving a lot of passengers.

1　ballet　　　　**2**　cycle　　　　**3**　plane　　　　**4**　mall

(2)　The （　　　） can store a lot of water and survive even in the desert. It is a valuable source of water for animals there.

1　maid　　　　**2**　plant　　　　**3**　term　　　　**4**　sign

(3)　A : What was the most impressive （　　　） in your student life?
　　　B : Let me see. It was the school festival, after all.

1　event　　　　**2**　cash　　　　**3**　route　　　　**4**　ability

(4)　The climate in that （　　　） is very cold. However, lots of animals like bears and deer live there.

1　figure　　　　**2**　shape　　　　**3**　habit　　　　**4**　area

(5)　James's favorite （　　　） was a red, miniature car. When he broke it, he cried all day long. His parents gave him a new one for his birthday.

1　conclusion　　　　**2**　degree　　　　**3**　actor　　　　**4**　toy

(6)　The （　　　） is natural, very gentle on the skin, and works very well. In addition, the price is reasonable.

1　report　　　　**2**　chef　　　　**3**　admission　　　　**4**　soap

(7) The （   ） of this building is very strict about money. He doesn't like to pay a small amount of money even to repair his building.

1 lobby   **2** opinion   **3** owner   **4** rumor

(8) A：There were a lot of crows early in the morning.

B：I believe Mr. Smith again tied his bag shut loosely when he threw his （   ） away.

1 species   **2** rumor   **3** garbage   **4** pressure

(9) A：What were you doing yesterday? I just wasted the day watching TV.

B：The same for me. I wasted the day just looking at a lot of silly （   ） on my phone.

1 websites   **2** backyards   **3** explorations   **4** microwaves

(10) A：More and more （   ） are going out of business these days. I think it is because of this bad economy.

B：I think it is mainly because of the spread of internet. You can watch movies anywhere, anytime.

1 theaters   **2** messengers   **3** groceries   **4** lobbies

(11) A：Did you make a hotel （   ） for my stay in December?

B：Sure. I did it last week, and I got a very nice room for you.

1 suggestion   **2** reservation   **3** voyage   **4** adventure

(12) A：What is happening? There are a lot of people around the station.

B：Didn't you know? One of the best motor （   ） in the country is being held today at that stadium over there.

1 suggestions   **2** wallets   **3** fairs   **4** sites

もっとよく出る！ 準2級の名詞

ランク 101～120 の名詞

101 nature 自然

102 orchestra オーケストラ, 管弦楽団

103 rule ルール, 規則

104 smell 香り, におい

105 front (～の)前面, 正面

106 noise (不快な)音, 騒音

107 percent パーセント, 100分の1

108 prize 賞

109 score (競技の)得点,（試験の）点数

110 section 部分, 区域

111 shape 形, 形状

112 sign 記号

113 waste (～の)浪費, 無駄

114 weight 重さ, 重量

115 direction 方角, 方向

116 form 形, 形状

117 technology 科学技術

118 visitor 来客, 訪問者

119 amount (～の)量

120 article 品物, 記事

ランク 121～140 の名詞

121 exhibition 展覧会, 展示

122 fashion 流行, はやり

123 license 免許証, 許可

124 match 試合

125 average 平均, 平均値

126 bean 豆

127 character 性格

128 climate 気候

129 countryside いなか, 田園地帯

いっしょに覚えよう

人の体に関係する単語

face 顔

tooth 歯

brain 脳

fever 熱, 発熱

sight 視力, 視覚

stomach 胃

仕事に関係する単語

co-worker 同僚

organization 組織, 団体

presentation プレゼンテーション, 発表

credit 信用, 信頼

expert 専門家, 大家

career 職業, キャリア

director 指導者, 責任者

bill 請求書

employee 従業員, 被雇用者

雇い主のことは employerと言うよ

130 **dessert** デザート

131 **effort** 努力，試み

132 **experiment** 実験

133 **flavor** 味，風味

134 **item** 項目，品目

135 **package** 包み

136 **patient** 病人，患者

137 **purpose** 目的，目標

138 **tourist** 旅行者

139 **advantage** 有利(な点)，強み

140 **attention** 注意，注目

ランク 141 〜 160 の名詞

141 **chef** 料理人

142 **detail** 細部，細かい点

143 **distance** 距離，道のり

144 **factory** 工場，製作所

145 **manager** 経営者，支配人

146 **matter** 事柄，問題

147 **memory** 記憶

148 **passenger** 乗客，旅客

149 **refrigerator** 冷蔵庫

150 **topic** 話題

151 **traffic** 交通，往来

152 **ability** 能力，力量

153 **appointment** 約束，任命

154 **ceremony** 儀式，式典

155 **discount** 割引，値引き

156 **emergency** 緊急事態

157 **energy** 活力，活気

158 **equipment** 設備，備品

159 **journey** 旅，旅行

160 **knowledge** 知識，情報

ランク 161 〜 180 の名詞

161 **market** 市場

162 **method** 方法，方式

163 **opinion** 意見，考え

164 **safety** 安全，安全性

165 **temperature** 温度，気温

166 **adventure** 冒険

167 **audience** 観客，聴衆

168 **author** 著者，作者

169 **balance** バランス，つり合い

170 **belief** 信念，確信

171 **cash** 現金

172 **clinic** 診療所

173 **corner** 角

174 **custom** 慣習，しきたり

175 **decision** 決定，決意

176 **degree** 程度，度合い

177 **dentist** 歯科医，歯医者

178 **effect** 効果，結果

179 **entrance** 入り口，玄関

180 **favor** 好意，親切心

6 よく出る動詞①〜⑳

月 / 日

📖 よんでわかる

1 ランク①〜⑩の動詞

① let 〜させる
過去 let 過分 let

② decide
〜を決心する，決める

③ build 建てる
過去 built 過分 built

④ leave 去る，離れる
過去 left 過分 left

⑤ pay 〈代金を〉払う

⑥ move 〜を動かす

⑦ grow 成長する
過去 grew 過分 grown

⑧ hope
〜することを望む

⑨ travel 旅行する

⑩ spend
(金を)使う，(時間を)過ごす
過去 spent 過分 spent

いっしょに覚えよう

⑥ moveは引っ越すという意味でも使われる。

ポイント
① 〈let＋人＋動詞の原形〉の形で多く使われる。
Let me introduce myself.（自己紹介をさせてください。）
② decide to doの形でよく使われる。decide 〜ingでは使わない。
I decided to study abroad.（私は留学することに決めた。）

2 ランク⑪〜⑳の動詞

⑪ lose なくす，紛失する
過去 lost 過分 lost

⑫ run 走る，駆ける
過去 ran 過分 run

⑬ cost
〈金額・費用が〉かかる

⑭ change 〜を変える

⑮ excuse 許す

⑯ worry
心配する，悩む

⑰ forget 〜を忘れる
過去 forgot 過分 forgotten

⑱ check
〜を点検する，調べる

⑲ remember
〜を覚えている

⑳ win （競技などに）勝つ
過去 won 過分 won

いっしょに覚えよう

⑳「人に勝つ」という場合はbeatなどを使う。

ポイント
⑫「〈会社などを〉経営する」という意味もある。
He runs a Chinese restaurant.（彼は中華料理店を営んでいる。）
⑰⑲〈remember[forget]＋to＋動詞の原形〉は「〜することを覚えている[忘れる]」，
〈remember[forget] -ing〉は「〜したことを覚えている[忘れる]」という意味になる。

といて わかる

次の (1) ～ (6) までの （　　）に入れるのに最も適切なものを１つ選び，記号を○で囲みなさい。

(1) A：Hi, Jane. (　　　　　) us help you move that desk. It's impossible to move such a heavy desk all by yourself.

　　B：Thanks, Don and Nick. I owe you.

　　1 Ask　　**2** Order　　**3** Tell　　**4** Let

(2) Sally almost gave up on higher education, but thanks to her teacher's encouragement, she finally (　　　　) to university.

　　1 decided going　　**2** decided to go　　**3** decided and go
　　4 decided in going

(3) Jim is a careful person. For example, before (　　　　) his home every morning, he checks if he has everything with him twice at least.

　　1 getting　　**2** reaching　　**3** leaving　　**4** starting

(4) Mike (　　　　) to see off Lisa and hurried to the airport, but his car was caught in a traffic jam and he could not make it.

　　1 failed　　**2** hoped　　**3** attended　　**4** happened

(5) Ms. Smith screamed to see her baby grandson going near the pond alone. She (　　　　) to him as fast as she could and stopped him.

　　1 added　　**2** took　　**3** ran　　**4** stuck

(6) A：Judith was upset this morning because I completely forgot her birthday.

　　B：Don't (　　　　) about her. She immediately understood it was because you have been too busy these days.

　　1 accept　　**2** worry　　**3** doubt　　**4** believe

ヒント　(2) give up on ～　～を断念する
　　　　(4) see off　見送る

答え ▶ 別冊 p.5

27

7 よく出る動詞㉑〜㊵

月 / 日

📖 よんでわかる

1 ランク㉑〜㉚の動詞

㉑ **carry** 〜を運ぶ

㉒ **create** (新しいものを)創造する

㉓ **hold** 〜を持つ，つかむ
過去 held　過分 held

㉔ **hurt** 〜を傷つける
過去 hurt　過分 hurt

㉕ **save** 〜を救う，助ける

㉖ **choose** 〜を選ぶ
過去 chose　過分 chosen

㉗ **protect** 〜を保護する

㉘ **arrive** 着く，到着する

㉙ **happen** (偶然に)起こる

㉚ **join** 加わる，参加する

いっしょに覚えよう
㉔ hurtよりも軽い傷はinjure

ポイント
㉗ protect the environmentの形でよく使われる。
We have to protect this wonderful environment.
(私たちはこのすばらしい環境を守らなければならない。)
㉘ arrive at [in] 〜の形でよく使われる。駅や会社など具体的な場所には at，国や県などの広い場所にはinを使う。
㉙ whatの疑問文でよく使われる。
What happened to you?(あなたに何があったのですか。)

2 ランク㉛〜㊵の動詞

㉛ **wait** 待つ，期待する

㉜ **seem** 〜のように思われる

㉝ **turn** 〜を回す

㉞ **borrow** 〜を借りる

㉟ **add** 〜を加える

㊱ **sound** 鳴る，響く

77 **die** 死ぬ

㊳ **invite** 招く，招待する

㊴ **allow** 〜を許す，許可する

㊵ **close** 閉じる，閉める

いっしょに覚えよう
㉞ 「貸す」はlend

ポイント
㉜ seem to doの形でよく使われる。
I seem to have lost my key.(私は鍵をなくしたようだ。)
これはIt seems that I lost my key.と書き換えられる。

 **といてわかる**

次の (1) ～ (6) までの（　）に入れるのに最も適切なものを 1 つ選び，記号を〇で囲みなさい。

(1) Victoria walks her dog every morning, but on the way back, her dog sometimes suddenly sits down and refuses to walk. In such time, Victoria has to （　　　） it in her arms.

   1 leave   **2** carry   **3** drop   **4** send

(2) Nick's dog is a hero. It （　　　） his family from a house fire. It barked and barked to wake up the whole family and stayed with them till everyone got out of the house.

   1 warned   **2** saved   **3** continued   **4** pushed

(3) Emily is always late. She never ever comes on time. Even worse, she doesn't seem to mind keeping others （　　　）.

   1 laughing   **2** interested   **3** waiting   **4** surprised

(4) Before he started the car, he （　　　） his head left and right to make sure that no neighbor kids were around.

   1 touched   **2** turned   **3** nodded   **4** hit

(5) Jim tasted the soup and found it a little too salty. He （　　　） some water into it and tasted it again.

   1 added   **2** erased   **3** compared   **4** let

(6) After looking at his computer for hours, Dave （　　　） his eyes for a few minutes to rest them.

   1 opened   **2** turned   **3** closed   **4** hurt

ヒント (1) on the way back　帰り道の途中で

(3) never ever　何があっても～ない

(4) make sure　確認する　　　　　　　　　　　　　　　　　答え ▶ 別冊 **p.5**

8 よく出る動詞㊶～(60)

月／日

よんでわかる

1 ランク㊶～㊿の動詞

㊶ **pass**
通る，進む

㊷ **practice**
～を練習する

㊸ **return**
戻る，帰る

㊹ **welcome**
(人を)歓迎する

㊺ **bake** (パンなどを)焼く

㊻ **explain** ～を説明する

㊼ **perform**
(仕事などを)行う，演奏する

㊽ **cause**
原因となる，～を引き起こす

㊾ **fill**
(物・人で)いっぱいにする

㊿ **pick** ～を選ぶ，選び出す

いっしょに覚えよう

㊺「肉を焼く」は**roast**や**grill**を使う。

㊾「からっぽにする」は**empty**

ポイント

㊶「～に合格する」の意味でもよく使われる。She passed the swimming test in school.(彼女は学校の水泳のテストに合格した。)

㊻ 目的語に**why**などの節がくることがある。
The teacher explained to us why such accidents happened.
(先生は私たちになぜそのような事故が起こるのかを説明した。)

㊽ **problem, damage, trouble**などがよく目的語になる。Air pollution causes damage to the environment.(大気汚染は環境に害をもたらす。)

㊾ しばしば受動態の文で用いられる。
The shop was filled with customers.(その店は客でいっぱいだった。)

2 ランク(51)～(60)の動詞

(51) **recommend**
～を推薦する

(52) **ride**
乗る，乗って行く
過去 rode　過分 ridden

(53) **develop**
発達する，発展する

(54) **share**
～を分かち合う

(55) **introduce**
～を紹介する

(56) **miss**
～に乗り遅れる，逃す

(57) **prepare**
～の準備をする

(58) **reach**
～に到着する

(59) **solve**
(問題などを)解く，解決する

(60) **surprise**
～を驚かせる

 **といてわかる**

次の (1) ～ (6) までの （　） に入れるのに最も適切なものを１つ選び，記号を〇で囲みなさい。

(1)　Spencer bought his grandmother a cellphone. She knew nothing about cellphones, so he (　　　　) to her how to use it gently.

1 helped　　**2** based　　**3** explained　　**4** wore

(2)　When Lisa arrived, the concert hall was already (　　　　) fans who wanted to watch the final concert of the K-pop group.

1 covered with　　**2** filled with　　**3** covered of　　**4** filled of

(3)　We were shocked that Jim was not (　　　　) for the national football team. There weren't so many people who expected that he couldn't make it.

1 picking　　**2** pretending　　**3** performing　　**4** relaxing

(4)　Helen (　　　　) her electric bike to work unless the weather is too severe. When it rains or snows, she uses the subway.

1 rides　　**2** pulls　　**3** makes　　**4** gets

(5)　Naomi watched a documentary about first climbers who (　　　　) the top of Everest. She was also moved by the stories about people who could not get to the top.

1 reached　　**2** grew　　**3** served　　**4** called

(6)　It (　　　　) Annie that she was a distant relative of the king. When she first heard about it, she couldn't believe it.

1 disappointed　　**2** protected　　**3** surprised　　**4** annoyed

ヒント (4) unless　～の場合を除いて
　　　(5) get to the top　頂上に登り詰める

答え ▶ 別冊 p.5～6

1章 動詞

31

9 よく出る動詞 ⑥1～⑧0

📖 よんでわかる

1 ランク⑥1～⑦0の動詞

⑥1 wish
　～したいと思う[願う]

⑥2 collect
　～を集める

⑥3 continue
　（切れ目なく）続く

⑥4 fix
　修理する，直す

⑥5 follow
　～の後について行く

⑥6 hire （人を）雇う

⑥7 mean
　～を意味する，表す

⑥8 offer
　～を提供する，申し出る

⑥9 relax ～をリラックスさせる

⑦0 suggest ～を提案する

> **いっしょに覚えよう**
>
> ⑥4 専門的な技術が必要な修理は
> repair
>
> ⑦0 積極的に提案する場合は
> proposeを使う。

ポイント
- ⑥1 wishの後の名詞節では仮定法過去が用いられる（→p. 66）。
I wish I could sing well. （上手に歌うことができたらなあ。）
- ⑥7 目的語にthat節がくることも多い。This means that the pollution in the lake is increasing. （このことは湖の汚染が進んでいることを表している。）
- ⑥8 〈offer＋人＋物事〉の形になることがある。The company offered him a good job. （その会社は彼によい職を提供した。）

2 ランク⑦1～⑧0の動詞

⑦1 discover
　～を発見する

⑦2 graduate
　（～を）卒業する

⑦3 guess
　～を推測する

⑦4 quit
　（仕事などを）やめる

⑦5 realize
　～に気づく

⑦6 stand
　〈人・動物が〉立って
　いる，我慢する

⑦7 taste
　味見する

⑦8 design
　～を設計する

⑦9 improve
　～を改善する，改良する

⑧0 spread
　～を広げる，伸ばす
　過去 spread　過分 spread

ポイント
- ⑦2 graduate from ～の形でよく使われる。She will graduate from high school next year. （彼女は来年高校を卒業する。）

次の (1) ～ (6) までの（　）に入れるのに最も適切なものを1つ選び，記号を〇で囲みなさい。

(1)　When Jake's grandfather was seriously ill, he (　　　) he could help him somehow. He couldn't do anything, but that made him want to become a doctor.

　　1 realized　　**2** wanted　　**3** wished　　**4** found

(2)　Rick was extremely happy when he was (　　　) a position with a law firm. He accepted it immediately.

　　1 refused　　**2** offered　　**3** lent　　**4** lied

(3)　Linsey was planning to go back to her hometown and become a teacher after she (　　　) from university. But now she is thinking of continuing her study.

　　1 graduates　　**2** increases　　**3** protects　　**4** hunts

(4)　A：Bill looks very upset. Do you know why?
　　B：I'm not sure, but I (　　　) he had a quarrel with Sue again.

　　1 include　　**2** guess　　**3** prefer　　**4** appear

(5)　Tony is thinking of (　　　) his job because he doesn't get on well with his boss. He wants to work in a more friendly environment.

　　1 quitting　　**2** deciding　　**3** taking　　**4** keeping

(6)　The train was so crowded that there was no vacant seat. He had to (　　　) all the way to his station.

　　1 create　　**2** lay　　**3** train　　**4** stand

ヒント　(2) extremely　極めて　　law firm　法律事務所
　　　　(4) quarrel　けんか

確認のテスト②

月　　　日

次の (1) から (12) までの（　　）に入れるのに最も適切なものを1，**2**，**3**，**4**の中から1つ選びなさい。

(1)　A：The department store went out of business. It would be boring if it became another big parking lot.

　　　B：Don't worry. I heard there is a plan to（　　　）a shopping mall there.

　　　1　agree　　　**2**　allow　　　**3**　continue　　　**4**　build

(2)　A：Mika, let's have lunch at the new restaurant. I'll buy you lunch.

　　　B：No, Jack. Let me（　　　）the bill once in a while.

　　　1　explain　　　**2**　aim　　　**3**　surf　　　**4**　pay

(3)　A：Honey. Can you give me a hand? I want to（　　　）this desk to just under the window.

　　　B：No problem. I will do it by myself.

　　　1　hide　　　**2**　support　　　**3**　fight　　　**4**　move

(4)　James had always planned to（　　　）around the world, but he was busy with his work and ended up ending his life without realizing his dream.

　　　1　surround　　　**2**　whisper　　　**3**　travel　　　**4**　shape

(5)　A：What's wrong? Do you have a problem?

　　　B：Yes. I seem to have（　　　）my smartphone. I'm sure I put it in my jacket pocket.

　　　1　lost　　　**2**　hired　　　**3**　located　　　**4**　drawn

(6)　A：Be sure not to（　　　）your umbrella. It's sunny now, but the weather forecast says it will rain soon.

　　　B：Oh, really? I didn't know that.

　　　1　memorize　　　**2**　lift　　　**3**　forget　　　**4**　admit

(7)　A：Do you （　　　） the name of the restaurant?

　　　B：Sure. But I lack a sense of direction. Let me locate it with my smartphone.

　　　1　measure　　　**2**　gather　　　**3**　remember　　　**4**　injure

(8)　A：Can I （　　　） your dictionary? I left mine at home.

　　　B：Here you are. I also have an electronic one, so you can use it all day today.

　　　1　destroy　　　**2**　weigh　　　**3**　borrow　　　**4**　deliver

(9)　A：How many guests are coming to the party today?

　　　B：I heard Mr. Smith （　　　） more than one hundred customers, as well as his friends.

　　　1　invited　　　**2**　parked　　　**3**　measured　　　**4**　drew

(10)　A：That smells really good!

　　　B：You are lucky! This bread is just （　　　）, fresh from the oven. Don't miss this chance.

　　　1　frozen　　　**2**　baked　　　**3**　roasted　　　**4**　grilled

(11)　A：Can you （　　　） the table with my family? There are four of us.

　　　B：Sure. I'll move my baggage. Wait for a second.

　　　1　attract　　　**2**　share　　　**3**　trust　　　**4**　argue

(12)　The company grew into a major corporation as a result of having its employees constantly look for ways of （　　　） their business.

　　　1　trapping　　　**2**　affording　　　**3**　improving　　　**4**　brushing

準2級の動詞

ランク 81 ～ 100 の動詞

- 81 **decorate** ～を飾る
- 82 **produce** 作り出す，生産する
- 83 **remove** ～を取り除く
- 84 **repair** ～を修理する
- 85 **drop** （誤って）落ちる
- 86 **earn** （お金を）稼ぐ
- 87 **fail** （～に）失敗する
- 88 **hang** ～をつるす，掛ける
- 89 **hide** ～を隠す
- 90 **include** ～を含む
- 91 **serve** ～に仕える
- 92 **support** ～を支える
- 93 **apply** ～を適用する，利用する
- 94 **connect** つなぐ，接続する
- 95 **describe** ～を描写する
- 96 **disappoint** ～を失望させる
- 97 **gather** （～を）集める
- 98 **invent** ～を発明する

- 99 **raise** ～を上げる，持ち上げる
- 100 **steal** （～から）盗む

ランク 101 ～ 120 の名詞

- 101 **wake** 目が覚める，目を覚ます
- 102 **wonder** ～だろうかと思う
- 103 **expect** 予想する，予期する
- 104 **explore** 探検する
- 105 **fight** 戦う，戦争する
- 106 **fit** （ぴったり）合う
- 107 **hunt** ～を狩る

- 108 **recycle** 再利用する，リサイクルする
- 109 **reduce** 少なくする，減らす

いっしょに覚えよう

対義語といっしょに覚える

receive ～を受け取る
⇔**send** ～を送る
gain ～を獲得する
⇔**lose** ～を失う
increase ～を増やす，増加させる
⇔**decrease** ～を減らす，低下させる
pull ～を引く，引っぱる
⇔**push** ～を押す

仕事でよく使う動詞

accept 受け取る
cancel 取り消す
complain 不満を言う
provide 与える，供給する
organize 創立する
agree 意見が一致する，賛成する
lend （無料で）貸す
search 捜す，調べる

compete 競争する
deliver （～に）配達する
compare ～を比較する
replace ～に取って代わる
retire 引退する，退職する
exchange 交換する
admit ～を認める，～に同意する
arrange ～を取り決める，計画する

agreeの対義語はdisagree「意見が合わない」だよ。

110 shake ～を振る

111 throw ～を投げる

112 attract （～に）引きつける

113 climb ～に登る

114 communicate 伝える，知らせる

115 prefer （むしろ）～のほうを好む

116 translate ～を翻訳する

117 announce ～を発表する，公表する

118 attend 出席する

119 draw （線画や図形を）描く

120 enter （～に）入る

ランク 121 ～ 140 の動詞

121 feed えさを与える

122 guide 案内する

123 locate ～の場所を見つける，～を設置する

124 prevent ～を妨げる，～を防止する

125 seek ～を捜す，探す

126 avoid ～を避ける，よける

127 bark （～に）ほえる

128 belong （～に）所属している

129 celebrate 祝う

130 confuse ～を混同する

131 cover ～を覆う，包む

132 depend ～に頼る

133 destroy 破壊する

134 display ～を展示する

135 freeze 凍る

136 lead （人を）導く

137 marry 結婚する

138 publish （本などを）出版する，発行する

139 recover 取り戻す

140 release ～を解放する

ランク 141 ～ 160 の名詞

141 scream 悲鳴をあげる

142 stretch ～を伸ばす，広げる

143 survive 生き残る，生存する

144 touch ～に触れる，～をさわる

145 treat 扱う，取り扱う

146 warn 警告する

147 weigh ～の重さを量る

148 attack 攻撃する，襲う

149 bite ～をかむ

150 breathe 呼吸する

151 combine ～を結合させる

152 concentrate （～に）集中する

153 contain ～を含む，～が入っている

154 count ～を数える

155 disappear 見えなくなる，いなくなる

156 discuss ～について話し合う，議論する

157 divide ～を分割する，分ける

158 escape 逃げる，脱出する

159 exist 存在する

160 injure 傷つける，けがをさせる

10 よく出る形容詞①〜⑳

月／日

📖 よんでわかる

1 ランク①〜⑩の形容詞

① **other**
ほかの，別の

② **last**
最後の，最終の

③ **different**
違った，異なった

④ **special**
特別な，特殊な

⑤ **long**
（長さ・距離が）長い

⑥ **difficult**
難しい，困難な

⑦ **popular**
人気のある，評判のよい

⑧ **expensive**
高価な，費用のかかる

⑨ **famous**
有名な，名声のある

⑩ **important**
重要な，重大な

いっしょに覚えよう
④ 「他の物と違って特別な」という場合は**particular**を使う。
⑥ 反対に「簡単な」は**easy**

ポイント
② last week（先週），last year（去年）など，「（時間的に）この前の，最近の」の意味でよく使われる。It was sunny last week.（先週はよく晴れていました。）
⑥ 形式主語を用いたit is difficult to doの形でよく使われる。It is difficult to pass that test.（その試験に合格するのは難しい。）
⑦ popular with〔among〕〜の形でよく使われる。That anime is popular with children.（そのアニメは子供に人気がある。）
⑨ famous for 〜の形でよく使われる。The trees are famous for being used as Christmas trees.（その木はクリスマスツリーに使われることで有名だ。）

2 ランク⑪〜⑳の形容詞

⑪ **another**
もう1つ[1人]の

⑬ **cheap**
（料金の）安い

⑮ **local**
その土地の，地元の

⑰ **afraid**
恐れて，怖がって

⑲ **favorite**
いちばん好きな

⑫ **enough**
十分な

⑭ **own**
自分自身の

⑯ **true**
本当の，真実の
⇔fake

⑱ **safe**
安全な
⇔dangerous

⑳ **ready**
用意[準備]ができた

ポイント
⑪ 数えられる名詞の単数形につけて用いられる。How about another cup of coffee?（コーヒーをもう1杯いかがですか。）
⑫ 修飾する形容詞や動詞の後に置いて用いることもある。This room is large enough for a meeting.（この部屋は会議をするのに十分な広さがある。）

 **といてわかる**

次の (1) ～ (6) までの （　）に入れるのに最も適切なものを１つ選び，記号を○で囲みなさい。

(1) Andrew speaks English and French. He wants to learn some (　　　) languages, possibly Asian languages, too.

    1 little   **2** another   **3** any   **4** other

(2) The ticket office clerk said the ticket I bought was the (　　　) one. I felt lucky, but also felt sorry for the person just behind me.

    1 later   **2** next   **3** last   **4** earlier

(3) When Mira arrived at the shop to buy a new game, there was already a (　　　) line of people. Mira wondered how many people were there.

    1 small   **2** necessary   **3** kind   **4** long

(4) A : Is this the only route to the next town?

   B : There's (　　　) route, but the road conditions are not very good.

    1 whole   **2** other   **3** different   **4** another

(5) Gillian thought there was (　　　) food and drinks for the party, but there was almost nothing left on tables one hour after the party started.

    1 rare   **2** foreign   **3** healthy   **4** enough

(6) The baby girl started crying when she couldn't find her (　　　) toy. Her father gave her other toys but none stopped her crying.

    1 favorite   **2** negative   **3** additional   **4** nervous

ヒント (6) none　どれも～ない

答え ▶ 別冊 p.7

11 よく出る形容詞㉑〜㊵

月 / 日

よんでわかる

1 ランク㉑〜㉚の形容詞

㉑ traditional
伝統的な

㉒ delicious
おいしい，うまい

㉓ tired
疲れた

㉔ beautiful
美しい，きれいな

㉕ dangerous
危険な，危ない⇔safe

㉖ strong
（力が）強い，強力な

㉗ successful
成功した，好結果の

㉘ angry
怒った，腹を立てた

㉙ female
女性の，女の

㉚ wrong
悪い，正しくない

female male

いっしょに覚えよう

㉙ 「男性の」はmale

ポイント
㉓ too tired to doの形でよく使われる。
I'm too tired to walk.（私は疲れて歩けません。）
㉘ angry with [at] 〜の形でよく使われる。
He got angry with us.（彼は私たちに腹を立てた。）
㉚ What's wrorg（with 〜）?でよく使われる。

2 ランク㉛〜㊵の形容詞

㉛ poor
貧しい，貧乏な

㉜ friendly
好意的な，親切な

㉝ healthy
健康な，健全な

㉞ low
（高さ・位置などが）低い

㉟ similar
似ている，同じような

㊱ warm
暖かい，温かい

㊲ dirty
汚い，汚れた

㊳ plastic
プラスチック（製）の

㊴ possible
可能な，実行できる

㊵ extra
余分の，特別の

いっしょに覚えよう

㉞ 「背が低い」と言いたいときは
shortを使う。

ポイント
㉛ be poor at 〜で「〜が下手な，苦手な」という意味もある。
I am poor at mathematics.（私は数学が苦手だ。）
㉟ similar to 〜の形でよく使われる。
This is very similar to my bag.（これは私のバッグととてもよく似ている。）

といてわかる

次の (1) 〜 (6) までの（　）に入れるのに最も適切なものを１つ選び，記号を〇で囲みなさい。

(1) Beth and Mick played tennis all afternoon. When they got home, they were very (　　　) and didn't want to lift a finger.

    1 energetic   **2** positive   **3** right   **4** tired

(2) Sam thinks the actress is very (　　　　), but unfortunately she can't act. Good looks are not enough for her job.

    1 funny   **2** talented   **3** beautiful   **4** interesting

(3) Rodney didn't go to the concert. He thought it was (　　　) to go out during the snowstorm.

    1 delicious   **2** serious   **3** dangerous   **4** famous

(4) A：What's (　　　) with you? You look in low spirits today.
   B：It's nothing. I just had a fight with my wife this morning.

    1 down   **2** cold   **3** bad   **4** wrong

(5) To stay (　　　), you need adequate nutrition and moderate exercise.

    1 religious   **2** healthy   **3** local   **4** hungry

(6) When the singer took to the stage for the first time in five years, there was a (　　　) round of applause from the audience.

    1 keen   **2** moderate   **3** warm   **4** strong

ヒント (5) adequate nutrition　十分な栄養
(6) applause　拍手

答え ▶ 別冊 p.8

12 よく出るその他の品詞

月／日

📖 よんでわかる

1 ランク①〜⑩のその他の品詞

① **however**
副どんなに〜でも

⑤ **actually**
副実際に, 現実に

⑨ **quickly**　副急いで, 速く

② **even**
副〜でさえ

⑥ **later**
副より遅れて, もっと後で

⑩ **recently**　副最近, 近ごろ

③ **instead**
副その代わりに

⑦ **anyway**
副とにかく, いずれにしても

> いっしょに覚えよう
> ⑧ さらに不確かな場合には
> **perhaps**や**maybe**を使う。

④ **far**
副遠くへ

⑧ **probably**
副たぶん, おそらく

> **ポイント**
> ② even if〔though〕〜の形でよく使われる。*You should do this even if you don't want to.* (たとえしたくなくてもあなたはこれをすべきだ。)
> ④ far from〜の形でよく使われる。*He lives far away from here.* (彼はここからずっと離れたところに住んでいる。)
> ⑩ 過去形・現在完了形の文で用いられることが多い。*He has begun jogging recently.* (彼は最近ジョギングを始めた。)

2 ランク⑪〜⑳のその他の品詞

⑪ **though**
副でも, しかし, やっぱり

⑮ **else**
副(その)ほかに〔の〕

⑲ **through**
前〜を通り抜けて

⑫ **yet**
副まだ(〜しない)

⑯ **finally**
副ついに, とうとう

⑳ **across**
前を横切って

⑬ **easily**
副容易に, たやすく

⑰ **while**
接〜する間に〔は〕, 〜の間中

> いっしょに覚えよう
> ⑰ **while**よりも短い期間を指す
> 場合は**when**を使う。

⑭ **almost**
副ほとんど, たいてい

⑱ **although**
接〜だけれども, たとえ〜でも

> **ポイント**
> ⑫ 現在完了形の否定文・疑問文でよく使われる。
> *I haven't finished my homework yet.* (私はまだ宿題を終えていない。)
> ⑰ while節の代名詞の主語とbe動詞は, 主節の主語と同じ場合には省略されることがある。*He hurt his leg while playing soccer yesterday.* (彼は昨日サッカーをしていて脚をけがした。)

次の (1) ～ (6) までの （　） に入れるのに最も適切なものを１つ選び，記号を〇で囲みなさい。

(1)　(　　　　　) busy she may be, she writes in her diary every day.

　　1 Wherever　　**2** Whichever　　**3** However　　**4** Whoever

(2)　I couldn't go out this weekend because of the rain. (　　　　), I was able to watch a DVD I wanted to watch.

　　1 Originally　　**2** What is more　　**3** Instead　　**4** Overall

(3)　She ran into Chris on the street that day, and three months (　　　) they got married.

　　1 later　　**2** same　　**3** equal　　**4** latter

(4)　It had been raining continuously in the morning, so it seemed (　　　) impossible that the game would take place that afternoon.

　　1 surprisingly　　**2** similarly　　**3** almost　　**4** barely

(5)　(　　　　) I was cleaning my room, my father called me.

　　1 While　　**2** During　　**3** Within　　**4** By

(6)　A：Are you ready for the school play?

　　B：Yeah. I'll be okay if we run (　　　) the play tomorrow.

　　1 onto　　**2** into　　**3** across　　**4** through

ヒント　(3) run into　偶然出会う

　　　　(4) take place　行われる

次の (1) から ⑿ までの (　　) に入れるのに最も適切なものを**1，2，3，4**の中から1つ選びなさい。

(1)　A : Why do you feel so sad just to have lost your cap?

B : It's (　　) to me. My daughter gave it to me for my birthday.

1 absent　　**2** available　　**3** constant　　**4** special

(2)　A : He wears (　　) things these days, doesn't he?

B : He has become rich and changed his tastes.

1 serious　　**2** thick　　**3** expensive　　**4** direct

(3)　A : How come you want to use my bike? You have your (　　) bike you bought last year.

B : My bike was stolen last night.

1 direct　　**2** delicate　　**3** basic　　**4** own

(4)　A : I'm (　　) to make a speech in front of a lot of people.

B : Get used to it, and you can do it.

1 plain　　**2** afraid　　**3** silly　　**4** square

(5)　Although this building was built last year, it was built by using ancient (　　) techniques. So, it took lots of time and money.

1 frightened　　**2** usual　　**3** traditional　　**4** double

(6)　A : Do you like your new school?

B : Yes. All of the teachers are kind and (　　), so it's very easy to ask questions.

1 friendly　　**2** harmful　　**3** spare　　**4** absent

44

(7) A : Why don't we go eat at that restaurant?

　　B : I can't. I don't have the (　　　) money to have a meal at such an expensive place.

　　1 extra 　　**2** whole 　　**3** tiny 　　**4** colored

(8) A : What time are you coming to the party?

　　B : I don't know. I'm going to be busy at work today. I'll be there sooner or later, (　　　).

　　1 plainly 　　**2** widely 　　**3** outdoors 　　**4** anyway

(9) A : Did you remember mom told us to clean the room by the time she returns?

　　B : Let's do it (　　　) ! She will be back soon.

　　1 quickly 　　**2** apparently 　　**3** especially 　　**4** frankly

(10) A : The athlete can climb the wall (　　　) with great speed.

　　B : He is like a spider. I believe it takes a lot of practice.

　　1 easily 　　**2** equally 　　**3** hardly 　　**4** eventually

(11) A : Do you know how Tom did on his exam?

　　B : Yeah. He (　　　) passed it and has became a lawyer.

　　1 widely 　　**2** finally 　　**3** environmentally 　　**4** secretly

(12) The artist moved to every town in the world he longed to live in, (　　　) in the end he felt most comfortable in his hometown.

　　1 whether 　　**2** whenever 　　**3** although 　　**4** wherever

答え ▶ 別冊 p.8〜9

準2級の形容詞・副詞・接続詞・前置詞

ランク ㊶〜㊿ の形容詞

㊶ **wonderful**
すばらしい，すてきな

㊷ **colorful** 色鮮やかな

㊸ **main** 主な，主要な

㊹ **perfect**
完全な，完璧な

㊺ **several** いくつかの

㊻ **foreign** 外国の

㊼ **national**
国家の，国家的な

㊽ **quiet** 静かな

㊾ **ancient**
古代の，太古の

㊿ **available**
利用できる，役に立つ

51 **careful**
注意深い，慎重な

52 **comfortable**
心地よい，快適な

53 **global** 全世界の

54 **huge** 巨大な，莫大な

55 **nervous** 神経質な

56 **private**
個人の，個人的な

57 **proud** 誇らしげな

58 **whole** すべての，全部の

59 **excellent** すばらしい

60 **helpful**
役に立つ，助けになる

ランク 61〜80 の形容詞

61 **lonely** 孤独な

62 **serious**
重大な，深刻な

63 **wild** 野生の，自生の

64 **common**
普通の，共通の

65 **confident**
確信して，自信に満ちた

66 **crowded** 混雑した

67 **fair** 正当な，適正な

68 **professional**
専門職の，プロの

69 **public** 公衆の，公共の

いっしょに覚えよう

長文読解でよく出る単語

therefore
副 したがって，だから

however
副 どんなに〜でも

yet
副 まだ（〜しない）

nevertheless
副 それにもかかわらず，
それでもやはり

otherwise
副 さもないと

moreover
副 さらに，加えて

actually
副 実際に，現実に

unfortunately
副 あいにく，残念ながら

honestly
副 正直に，率直に，正当に

although
接 〜だけれども，たとえ〜でも

besides
前 〜のほかに，〜に加えて

長文読解では，話の転換を示す
ディスコースマーカーという単語が
重要だよ。

⑦⓪ **scary** 怖い，恐ろしい

⑦① **terrible**
ひどい，過酷な

⑦② **usual**
いつもの，普通の

⑦③ **asleep** 眠って

⑦④ **bright**
輝いている，明るい

⑦⑤ **certain**
確かな，確実な

⑦⑥ **convenient** 便利な

⑦⑦ **electronic** 電子の

⑦⑧ **empty** 空の，空っぽの

⑦⑨ **fresh**
新鮮な，生きの良い

⑧⓪ **harmful**
有害な，危険な

ランク ⑧① ～ ⑩⓪ の形容詞

⑧① **normal**
標準の，正常な

⑧② **regular**
規則的な，定期的な

⑧③ **tough** 頑固な，手ごわい

⑧④ **unique**
唯一の，ただ一つの

⑧⑤ **valuable**
貴重な，価値のある

⑧⑥ **boring** 退屈な

---

⑧⑦ **cute** かわいい

⑧⑧ **familiar**
よく知られた，なじみのある

⑧⑨ **flat** 平らな

⑨⓪ **middle**
真ん中の，中央の

⑨① **secret** 秘密の

⑨② **medical**
医学の，医療の

⑨③ **nearby** すぐ近くの

⑨④ **negative**
否定の，拒否の

⑨⑤ **official** 公の，職務の

⑨⑥ **outdoor** 野外の

⑨⑦ **particular**
特定の，個々の

⑨⑧ **rare** まれな，珍しい

⑨⑨ **real** 本当の，本物の

⑩⓪ **responsible**
責任がある

ランク ㉑ ～ ㊵ のその他の品詞

㉑ **once** 副 1度，1回

㉒ **nowadays**
副近ごろは

㉓ **abroad**
副外国で[に，へ]

㉔ **especially**
副特に，とりわけ

㉕ **lately**
副最近，このごろ

㉖ **luckily**
副運よく，幸運にも

㉗ **quite**
副全く，すっかり

㉘ **nearly**
副ほとんど，ほぼ

㉙ **twice** 副 2度，2回

㉚ **forever** 副永遠に

㉛ **loudly**
副大声で，騒々しく

㉜ **pretty**
副かなり，とても

㉝ **sincerely** 副心から

㉞ **sometime**
副いつか，そのうち

㉟ **exactly**
副正確に，厳密に

㊱ **whether**
接～かどうかは[を]

㊲ **against**
前～に対する

㊳ **behind**
前～の後ろ(の方)に

㊴ **except**
前～以外は，～を除いて

㊵ **beyond**
前～を越えたところに，
～の向こうに

13 よく出る熟語①〜⑯

月 / 日

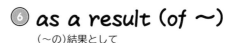📖 よんでわかる

1 ランク①〜⑧の熟語

① **so (that) S can [will, may]**
Sが〜できる[する]ように

② **look for 〜**
〜を探す

③ **too 〜 to do**
〜するには…過ぎる

④ **for example [instance]**
例えば

⑤ **because of 〜**
〜の理由で

⑥ **as a result (of 〜)**
(〜の)結果として

⑦ **be interested in 〜**
〜に興味がある

⑧ **take care of 〜**
〜の世話をする，〜に気をつける

> いっしょに覚えよう
> ③「とても〜だから…は—できない」
> なら，so 〜 that … cannot —

ポイント
① 否定の意味を伴う場合，can, couldは使わないことが多い。
I hid the snacks so that he wouldn't be able to eat them.
⑤ I won the game because of your support.など，because of 〜の名詞(動名詞)の部分はポジティブな意味で使うこともできる。
⑦ I'm interested in -ingの形もよく出る。
→I'm interested in volunteering.(私はボランティアをすることに興味がある。)

2 ランク⑨〜⑯の熟語

⑨ **more and more**
ますます多くの

⑩ **each other**
お互い

⑪ **help A with B**
AをBで助ける

⑫ **in fact**
実際に

⑬ **such as 〜**
〜のような

⑭ **these days**
近ごろは，このごろは

⑮ **for free**
無料で

⑯ **more than 〜**
〜より多い

> いっしょに覚えよう
> ⑩ 現在では3つ以上のものにeach otherを使うことも一般的になってきている。
> ⑬「BのようなA」のようにAの例えとしてBを用いる場合，such A as B

ポイント
⑫「その証拠に」という意味で，前の文の内容をさらに詳しく述べる際に用いられるときと，「(…と言ったが) いや実際は」，など前の文の内容に対して発話時の事実を強調するために用いられるときがある。

次の (1) から (6) までの (   ) に入れるのに最も適切なものを 1 つ選び，記号を〇で囲みなさい。

(1) Bears eat a lot of food (   ) that they can get through the tough winter.

    1 far   **2** very   **3** so   **4** once

(2) There are far (   ) many people here to talk something important.

    1 too   **2** also   **3** below   **4** just

(3) We changed our plans (   ) of bad weather.

    1 before   **2** after   **3** although   **4** because

(4) A：Our negotiations are hard going and we can't gather our thoughts.
   B：Let's talk with (   ) other more then.

    1 each   **2** enough   **3** polite   **4** aware

(5) Sophia is a smart girl. In (   ), she passed an entrance test that is famously difficult.

    1 achieve   **2** energy   **3** fact   **4** fiction

(6) Her behavior was such (   ) to be welcoming to every guest.

    1 to   **2** as   **3** in   **4** for

ヒント (1) get through　乗り切る

(6) behavior　ふるまい

月／日

📖 よんでわかる

1 ランク⑰〜㉔の熟語

⑰ **all over（〜）**
（〜の）至る所に［で］

⑱ **on the phone**
電話（中）で

⑲ **think about doing**
〜しようかと考える

⑳ **by the way**
ところで

㉑ **find out 〜**
（調査などの結果）を見つけ出す，（真相）を知る

㉒ **do well**
成功する

㉓ **in the past**
過去に

㉔ **next to 〜**
（場所・位置が）〜の次［隣］の［に］

> いっしょに覚えよう
> ⑰ 「1つになっている」なら，all one

ポイント
⑲ think aboutの意味は「ある物事について，広くあれこれ思う」で，think of 「特定の人や物事を強く思う」の形も多いので，意味の違いに注意。
㉑ How did you find out?（どうしてわかったの）は，イントネーションが上がる↑なら「疑問」を，下がる↓なら「驚き」を表す。

2 ランク㉕〜㉜の熟語

㉕ **thousands of 〜**
何千もの〜

㉖ **cut down（on）〜**
〜を削減する

㉗ **go with 〜**
〜と付き合う，〜と一緒に行く

㉘ **in addition（to 〜）**
（〜に）加えて，さらに

㉙ **take part in 〜**
〜に参加する

㉚ **even if 〜**
たとえ〜でも

㉛ **look forward to doing**
〜するのを楽しみに待つ

㉜ **make a reservation**
予約する

> いっしょに覚えよう
> ㉚ 「今でも」「それでも」なら，even now

ポイント
㉚ even ifの後は「事実に反する仮定」がくるが，似た表現でよく出るeven thoughの後は「事実」がくるので，それぞれ意味のとり方に注意。
㉛ look forward to Oの形で用いることもある。
→I'm looking forward to your visit.（私はあなたの訪問を楽しみにしています。）

次の (1) から (6) までの (　) に入れるのに最も適切なものを 1 つ選び，記号を〇で囲みなさい。

(1) He is the most popular artist this year all (　　　) the world.
　　1 over　　**2** far　　**3** up　　**4** forward

(2) A : I (　　　) out that my brother was adopted.
　　B : I see. But your relationship won't change, right?
　　1 found　　**2** moved　　**3** solved　　**4** earned

(3) A : I'll ask her out (　　　) if the possibility that she rejects me is high.
　　B : Good luck. I'll support you whatever happens.
　　1 possibly　　**2** enough　　**3** almost　　**4** even

(4) When my mom was young, she went to NY alone. She looked out the window when the plane was getting close to the city. She said there were (　　　) of buildings, and they were beautiful.
　　1 thousands　　**2** number　　**3** one　　**4** lot

(5) There is a sales meeting tomorrow morning. The company's president is going to (　　　) it.
　　1 come up with　　**2** think better of　　**3** keep pace with
　　4 take part in

(6) Jack goes and stays at Windsor Hotel every winter vacation. However, this year the hotel is under construction and is closed during winter. So he decided to (　　　) a reservation at a different hotel.
　　1 make　　**2** take　　**3** look　　**4** give

15 よく出る熟語 ㉝〜㊽

月 / 日

📖 よんでわかる

1 ランク㉝〜㊵の熟語

㉝ **be made from 〜**
〜からできている

㊲ **get angry**
腹を立てる

㊵ **get used to 〜**
〜に慣れる

㉞ **for the first time**
初めて

㊳ **get lost**
道に迷う

㉟ **a number of 〜**
いくつもの〜

㊴ **at least**
少なくとも

いっしょに覚えよう

㊵「（物・状況・場所など）（〜すること）に慣れる」なら，**become accustomed to 〜**

㊱ **be to do**
〜することになっている

ポイント
㉝ **made from**は通例材料がもとの形をとどめない場合に用い，**made of**は見た目で材料が分かるときに用いる。
㊵ **used to 〜**の形も多いので意味の違いに注意。
→**I used to visit this town.**（私はよくこの町を訪れたものだ。）

2 ランク㊶〜㊽の熟語

㊶ **have no idea**
見当がつかない

㊺ **along with 〜**
〜と一緒に，〜に加えて

㊽ **in the end**
ついには，結局は

㊷ **in that case**
その場合には

㊻ **clean up**
〜をきれいにする

いっしょに覚えよう

㊸ **on the other hand**
これに反して

㊼ **fit in**
適合する，調和する

㊽「（長い期間・多くの出来事を経て）結局，ついに」なら，**eventually**

㊹ **sign up（for 〜）**
（〜に）加わる

ポイント
㊷ **In case 〜**の形が多い。
In case it rains, the baseball game will be canceled.（雨が降る場合，野球の試合は中止だろう。）
㊺ **get along with 〜**の形もよく出る。
We can get along with each other.（私たちはお互い仲良くやっていける。）

 **といてわかる**

次の (1) から (6) までの（　）に入れるのに最も適切なものを１つ選び，記号を○で
囲みなさい。

(1)　A：This wine is made（　　　）Yamanashi grapes.
　　B：It's tasted sweet and delicious.
　　　1 for　**2** of　**3** in　**4** from

(2)　As I had a high fever, the doctor told me to rest in bed for at（　　）
　　3 days.
　　　1 brief　**2** chance　**3** sure　**4** least

(3)　A：Oh, it's already 4 p.m!
　　B：Yes, you should（　　　）up your room before Mom comes home.
　　　　She'll get angry with you.
　　　1 stand　**2** clean　**3** push　**4** get

(4)　Alice found that some chairs were on sale in a shop, but she did not
　　buy any of them. She didn't think that they would（　　　　）in her
　　room.
　　　1 fit　**2** put　**3** drop　**4** mix

(5)　I bought too much today at the department store. In the（　　　　）,
　　I decided to take a taxi home because I had many heavy bags.
　　　1 time　**2** once　**3** return　**4** end

(6)　As you know, there are a lot of countries on the earth. New Zealand
　　and Chile are known as countries that get a lot of rain. On the（　　）
　　hand, places like Sudan and Los Angeles are famous for getting little
　　rain.
　　　1 other　**2** another　**3** both　**4** each

ヒント　(6) Chile　チリ（国名）　　　　　　　　　　　答え ▶ 別冊 p.10

確認のテスト④

月　　日

---

1 次の文の（　）内から適切な語を選び，○で囲みましょう。

(1) The game was canceled as a (process, result, cause) of bad weather.
　　中止された

(2) David (holds, takes, covers) care of the dogs.

(3) I got this ticket (by, at, for) free.

(4) There are a lot of ways to cut (out, above, down) waste.
　　　　　　　　　　　　　　　　　　　　　　　　　　廃棄物

2 日本語に合うように，（　）内の英語を並べかえましょう。

(1) 私はダンスコンテストに参加するつもりです。
　　(part / I'll / the dancing competition / take / in).

　　_____ .

(2) 私はあなたとお話しできるのを楽しみにしています。
　　(to / with you / looking / talking / I'm / forward).

　　_____ .

(3) 政府は物価が上昇するのを止めようとしました。
　　(rising / stop / from / tried to / prices / the government).
　　　　　　　　　　　　　　　　　　　　物価　　　　　政府

　　_____ .

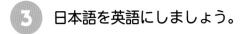

3 日本語を英語にしましょう。

(1) 私たちは午後，テニスをして過ごしました。

_____

(2) 彼は私に宿題で彼を手伝うように頼みました。

_____

(3) ますます多くの人々がペットを飼いたいと思っています。(moreを使って)

_____

ペットを飼う　have pets

(4) 彼女には10人を超えるいとこがいます。

_____

いとこ　cousin

(5) 私は新しい自転車を買おうかと考えています。

_____

自転車　bicycle

答え ▶ 別冊 p.10〜11

1章

熟語

ランク 49 ～ 70 の熟語

49 **instead of ～** ～の代わりに

50 **invite A to B** AをBに招待する

51 **look after ～** ～の世話をする

52 **make sure (～)**
(～を)確かめる，確実に～する

53 **prepare for ～**
～の準備をする，～に備える

54 **put on ～**
～を(身に)付ける，(電気器具・ガスなど)をつける

55 **show A how to do**
Aに～の方法を教える

56 **together with ～** ～と一緒に

57 **used to [do / be]**
～したものだった，昔は～があった

58 **What ～ for?**
どうして～，何の目的で～

59 **by mistake** 間違って

60 **come in** (部屋などに)入る

61 **come up with ～**
(解決策など)を思いつく

62 **go down ～** 下りる，(温度などが)下がる

63 **in danger (of ～)**
危険で，(～の)危険があって

64 **in particular** 特に

65 **keep in** ～を閉じ込める

66 **make a mistake** 間違える

67 **point out ～** ～を指摘する

68 **set up ～**
～を立てる[建てる]，～を創設する，～を始める

69 **show A around ～** Aに～を案内する

70 **take up ～**
(場所・時間)を取る，～を取り上げる

いっしょに覚えよう

種類・量を表す熟語

a variety of ～
いろいろな～，さまざまな～

a piece of ～
1つ[1個・1本・1枚]の～

a couple of ～
2つ[2人]の～

頻度を表す熟語

at once すぐに

right away
直ちに，今すぐ

all the time
いつも，常に

so far 今までのところ

(every) once in a while
ときどき，時折

as soon as ～
～するやいなや

at onceはright away
よりも少し硬い
表現だよ。

ランク ㉛～㉙ の熟語

71 **turn on (～)**
(スイッチなど)をつける,(水・ガスなど)を出す,
(明かりなどが)つく

72 **write back** 返事を書く

73 **write down** 書き留める,記録する

74 **according to ～** ～によれば

75 **after a while** しばらくたって

76 **be in (the) hospital** 入院している

77 **day off** 休日

78 **fall asleep** 眠り込む

79 **fall down** 落ちる,ひっくり返る

80 **get along [on] with ～**
～とうまくやっていく

81 **grow up** 育つ,(事態などが)生じる

82 **be in touch** 連絡をする

83 **keep [stay] in touch with ～**
～と連絡を取り合う

84 **look up ～**
(辞書・電話帳などで)～を調べる

85 **major in ～** (大学生が)～を専攻する

86 **make A from B** BからAを作る

87 **make room for ～**
～のためのスペースを空ける

88 **no longer ～** もはや～ない

89 **participate in ～** ～に参加する

90 **run after ～** ～を追いかける

ランク ㉛～⑩ の熟語

91 **save money** お金を貯める

92 **shake hands (with ～)**
(～と)握手する

93 **throw away** ～を捨てる

94 **try on ～** ～を試着する

95 **turn off (～)**
(スイッチなど)を消す,(水・ガスなど)を止める,
(明かりなどが)消える

96 **up and down** 行ったり来たり,上下に

97 **whether ～ or not** ～かどうか

98 **after all** 結局(は),やはり

99 **apart from ～** ～のほかに

100 **as if [though] ～** まるで～のように

101 **based on ～** ～に基づいて

102 **be away** 不在である

103 **break in (～)** 押し入る,口を挟む

104 **bring back** ～を思い出させる

105 **care for ～** ～の世話をする

106 **check in**
宿泊[搭乗]手続きをする,チェックインする

107 **do one's best** 最善を尽くす

108 **close down** 閉鎖する,廃業する

109 **die of [from] ～** ～で死ぬ

110 **do ～ good** ～の役に立つ

1章

熟語

16 先行詞のない関係代名詞，非制限用法

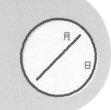

関係代名詞whatには先行詞がありません。what自身が先行詞の働きをもち，「～する〔である〕もの〔こと〕」という意味になります。

📖よんでわかる

1 先行詞のない関係代名詞について

先行詞のある関係代名詞の文

I understand the thing which you said.

先行詞　　　　　先行詞が必要

whatの節は
名詞の働きをするよ！

the thing＋which

先行詞のない関係代名詞の文

I understand what you said.

（私はあなたの言ったことを理解しています。）

2 非制限用法について

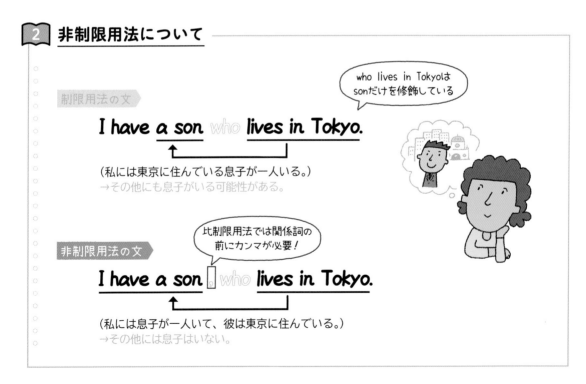

who lives in Tokyoは
sonだけを修飾している

制限用法の文

I have a son who lives in Tokyo.

（私には東京に住んでいる息子が一人いる。）
→その他にも息子がいる可能性がある。

比制限用法では関係詞の
前にカンマが必要！

非制限用法の文

I have a son , who lives in Tokyo.

（私には息子が一人いて、彼は東京に住んでいる。）
→その他には息子はいない。

次の (1) から (6) までの （　） に入れるのに最も適切なものを**1，2，3，4**の中から1つ選びなさい。

(1)　I took a trip to Sendai, (　　　　) is famous for the Star Festival.
　　　1　where　　**2**　what　　**3**　when　　**4**　which

(2)　A：I went to the mall and bought a lot of cool clothes and other things yesterday.
　　　B：Wow, please show me (　　　) you bought.
　　　1　where　　**2**　what　　**3**　when　　**4**　which

(3)　Takashi's grandfather's house, (　　　　) he visited every summer, will be for sale soon.
　　　1　where　　**2**　what　　**3**　when　　**4**　which

(4)　Last Saturday I saw Luke, (　　　) looked really worried then. I asked why, but he didn't tell me the reason.
　　　1　who　　**2**　what　　**3**　when　　**4**　which

(5)　A：Andy doesn't look well. He has a cold, but he's working very hard because he's busy.
　　　B：(　　　) he has to do is to take a rest and get well, I think.
　　　1　Who　　**2**　What　　**3**　When　　**4**　Which

(6)　I forgot to tell Marina that I cancelled the trip, (　　　) made her very angry.
　　　1　who　　**2**　what　　**3**　when　　**4**　which

17 動名詞と不定詞の使い分け

動名詞と不定詞はどちらも，「～すること」という同じ意味を表すことができます。しかし，動詞によって動名詞しか使えない場合，不定詞しか使えない場合があります。また，動名詞か不定詞のどちらをとるかによって動詞の意味が異なる場合もあります。

よんでわかる

1 動名詞と不定詞の使い分け

・動名詞は＜動詞＋～ ing＞，不定詞は＜to＋動詞の原形＞の形をしている。
・動名詞だけを目的語にとる動詞，不定詞だけを目的語にとる動詞，両方とも目的語にとる動詞を覚えておく！

動名詞しかとらない動詞の文

I enjoy talking to people. （私は人へ話しかけるのを楽しむ。）

enjoy＋～ ing：～するのを楽しむ

不定詞しかとらない動詞の文

We decided to hold an event. （私たちはイベントを開催するのを決めた。）

decide＋to ～：～するのを決める

動名詞・不定詞によって意味が異なる動詞の文

I'll try to exercise more. （私はもっと運動しようと努力するつもりだ。）

try＋to ～：～しようと努力する

You should try talking to him more.

try＋～ ing：試しに～してみる　　（あなたは試しにもっと彼へ話しかけてみるべきだ。）

2 動名詞と不定詞で意味の異なる動詞

・forget	動名詞	～したことを忘れる	・try	動名詞	試しに～してみる
	不定詞	～することを忘れる		不定詞	～しようとする
・remember	動名詞	～したことを思い出す	・stop	動名詞	～することをやめる
	不定詞	～することを思い出す		不定詞	立ち止まって～をする
・quit	動名詞	～することをやめる	・regret	動名詞	～したことを後悔する
	不定詞	～するためにやめる		不定詞	残念ながら～する

 といて わかる

次の (1) から (6) までの (　) に入れるのに最も適切なものを1, 2, 3, 4の中から1つ選びなさい。

(1) My daughter moved to New York last month for the first time. Although she felt lonely at first, she now enjoys (　　　) there.

   1 live   **2** lived   **3** living   **4** to live

(2) Bill decided (　　　) his job at the library because he wanted to start a new career in teaching.

   1 quit   **2** quits   **3** quitting   **4** to quit

(3) A : You have to clean your room after you (　　　) eating, David.
    B : I already did it, Mom.

   1 finish   **2** hope   **3** promise   **4** want

(4) I haven't decided what I will do this summer yet, but Jake said that he is (　　　) to go to the music festival with Lucy.

   1 enjoying   **2** forgetting   **3** planning   **4** stopping

(5) A : Honey, don't forget (　　　) your umbrella because it's going to rain today.
    B : OK, I will. Thanks.

   1 bringing   **2** brings   **3** brought   **4** to bring

(6) I (　　　) seeing him at the golf lesson, but I didn't know his name because I hadn't had a chance to talk with him.

   1 forgot   **2** minded   **3** remembered   **4** tried

18 関係副詞，複合関係詞

関係副詞は，関係代名詞と同じように先行詞を説明しますが，副詞の役割をするのが特徴で，「場所・時・理由・方法」などを表します。複合関係詞は，＜関係代名詞〔関係副詞〕＋-ever＞の形をしていて，複合関係代名詞と複合関係副詞の2つがあり，訳し方もさまざまです。

📖 よんでわかる

1 関係副詞，複合関係詞とは？

✓ 関係副詞

・関係副詞≪where, when, why, how≫を先行詞の種類によって使い分ける！
⇒whereは＜場所＞，whenは＜時＞，whyは＜理由〔＝the reason〕＞を表す先行詞をとって，howは先行詞がなく単独で使って＜方法＞を表す。

関係副詞の文

I went to the town *where* Alice grew up.

（私はアリスが育った町へ行った。）

場所を表す先行詞のtown＋関係副詞のwhere

✓ 複合関係詞

・先行詞はない！

・複合関係代名詞（※名詞・副詞節を導く）	・複合関係副詞（※副詞節のみを導く）
≪whatever, whoever, whichever≫	≪whenever, wherever, however≫
「〜は何〔だれ，どれ〕でも」	「〜するときはいつでも，〜するところはどこでも」
「何〔だれ，どれ〕が〜しても」（＝譲歩）	「いつ〔どこで，どんなに〕〜しようとも」（＝譲歩）

whenever の文

I can get up *whenever* I want to tomorrow.

whenever「〜するときはいつでも」　（私は明日起きたいときにいつでも起きることができます。）

2 出る順！関係副詞

✓ よく出る関係副詞

○ **This is** *how* **the product was made.** （これがその製品が作られた方法だ。）

先行詞はない

○ **This is (the reason)** *why* **I want to study biology.** （これが，私が生物学を勉強したい理由だ。）

the reasonは省略できる

次の (1) から (6) までの (　) に入れるのに最も適切なものを**1**, **2**, **3**, **4**の中から1つ選びなさい。

(1) A new shopping mall was built in my city. It has a place (　　　) kids can play on the second floor.

   1 how　 **2** when　 **3** where　 **4** why

(2) The reason (　　　) my brother decided to become a doctor is because he wants to help sick people.

   1 how　 **2** when　 **3** where　 **4** why

(3) In 1988, (　　　) Cindy was 26 years old, she started to run her own cafeteria.

   1 how　 **2** when　 **3** where　 **4** why

(4) A : What are you going to give me for my birthday, Dad?
    B : It's up to you. I'll give you (　　　) you want.

   1 however　 **2** whatever　 **3** whenever　 **4** whoever

(5) (　　　) I have trouble with my English homework, I ask my sister for help.

   1 Whatever　 **2** Whenever　 **3** Wherever　 **4** Whichever

(6) Angela has small children, so she has to take them with her (　　　) she goes.

   1 however　 **2** whatever　 **3** wherever　 **4** whichever

答え ▶ 別冊 p.11〜12

19 分詞構文

分詞構文は，分詞が動詞と接続詞の働きをもち，分詞で始まる句が副詞のように働いて，文に情報を加えます。

よんでわかる

1 現在分詞

現在分詞の構文

The boys watched the baseball game while they were drinking cola.
<u>〜の間</u>

→The boys watched the baseball game, drinking cola.
（少年たちはコーラを飲みながら野球の試合を見た。）

> 同じ形で「〜しながら（付帯状況）」「…そして〜（連続）」「〜なので…（理由）」など，いろいろな形があるよ。
> 文脈を見て判断する必要があるね。

Knowing who he is, I told him from his brother.
（彼がだれか知っていたので，私は彼と兄の区別がついた。）

✔否定文の形

Not knowing where to go, he decided to wait for Joe there.

2 過去分詞

過去分詞の構文

When she was left alone in the room, she had nothing to do.
<u>〜するとき</u>

→Left alone in the room, she had nothing to do.
（部屋にひとりで残されて，彼女はすることが何もなかった。）

> 過去分詞を使う場合は，受動的な意味になるよ！

✔withがついた分詞構文

Nao listened to his story with her eyes closed.

 といてわかる

次の (1) から (6) までの（　）に入れるのに最も適切なものを**1，2，3，4**の中から1つ選びなさい。

(1)　Maki answered her father, (　　　　) the screen of her computer. She had to finish her essay by Monday.

　　1 watching　　**2** watch　　**3** watched　　**4** had watched

(2)　A : Who is the boy standing over there with his arms (　　　　) ?

　　B : He is Nick. He is my friend's brother.

　　1 had crossed　　**2** cross　　**3** were crossing　　**4** crossed

(3)　(　　　　) a lot of homework to do, I couldn't go fishing with Mike. He sent me photos of the fish he caught.

　　1 Have　　**2** Had　　**3** Having　　**4** Had had

(4)　A : Frankly (　　　　), I don't know much about SDGs.

　　B : Don't worry. I'll show you some books and websites about them.

　　1 spoken　　**2** speak　　**3** spoke　　**4** speaking

(5)　(　　　　) in a lonely place far from town, Jack didn't know what to do. He looked at his smartphone, but it was outside of the service area.

　　1 Losing　　**2** Lose　　**3** Lost　　**4** Has lost

(6)　(　　　　) his name called, Mr. Tanaka turned in the direction of the voice. It was a student who often asked him questions.

　　1 Hear　　**2** Heard　　**3** Hearing　　**4** Had heard

20 仮定法①

仮定法は，事実とは異なる仮定や想像を表すときに使います。その中で，仮定法過去は，「もし～なら…なのに」と現在の事実と異なることを表すときに使います。

 よんでわかる

1 仮定法過去とは？

> ・仮定法過去は〈If S＋動詞の過去形～，S'＋助動詞の過去形＋動詞の原形…〉で表す。
> ・be動詞は人称・数にかかわらず，wereを使うのが原則。

仮定法過去の文 ▶ If it were sunny today, we would go to the pool to swim.

動詞の過去形

助動詞の過去形＋動詞の原形

(もし今日晴れていたら，私たちはプールに泳ぎに行くのに。)

現実の文 ▶ It is not sunny today, so we will not go to the pool to swim.

> 現在の事実と異なるので，過去形で表すよ！

2 出る順！仮定法過去

✓ **よく出る仮定法過去の文**

・If it were not for ～, S'＋助動詞の過去形＋動詞の原形…. (もし～がなければ…なのに。)

　　　　　　　　　　　If it were not for air, we couldn't live.

・I wish＋仮定法過去. (～ならいいのに。) 　I wish I could play the piano.

・as if＋仮定法過去 (まるで～するかのように) 　He talks as if he knew everything.

・If I were you, I would ＋動詞の原形…. (もし私があなただったら，～するのに。)

　　　　　　　　　　　If I were you, I would buy the bag.

・Without ～, S＋助動詞の過去形＋動詞の原形…. (～がなければ，～だろう。)

次の (1) から (6) までの (　) に入れるのに最も適切なものを**1**，**2**，**3**，**4**の中から1つ選びなさい。

(1)　A : If I had a car, I (　　　　　) you to the station.

　　　B : No problem. I'll catch a taxi on the main street.

　　　　1 didn't drive　　**2** wouldn't drive　　**3** drive　　**4** would drive

(2)　A : What's the matter? Oh, you don't like spiders, do you?

　　　B : Not only spiders. I wish there (　　　　　) no insects in this world.

　　　　1 are　　**2** were　　**3** being　　**4** have been

(3)　A : It's very hot. It's been getting hotter and hotter these days.

　　　B : Exactly. If it (　　　　) not for air conditioners, we couldn't sleep at night.

　　　　1 is　　**2** were　　**3** being　　**4** has been

(4)　A : With my skate shoes, I (　　　　) better. Unfortunately, they are now being repaired.

　　　B : You are good enough. I'm really surprised to see you skating.

　　　　1 didn't skate　　**2** couldn't skate　　**3** am skating　　**4** could skate

(5)　A : I think I've done wrong to Yuki. What should I do?

　　　B : If I (　　　　) you, I would go to see her to apologize.

　　　　1 are　　**2** were　　**3** being　　**4** have been

(6)　A : If I (　　　　) a cold, I would go to the concert with you.

　　　B : I'm sorry for you. I hope you'll get well soon.

　　　　1 have　　**2** had　　**3** don't have　　**4** didn't have

21 仮定法②

仮定法過去完了は，「もし〜だったら…だったのに」と過去の事実と異なることを表すときに使います。

 よんでわかる

1 仮定法過去完了とは？

> ・仮定法過去完了は〈If S ＋had＋過去分詞〜，S'＋助動詞の過去形＋have＋過去分詞〜〉で表す。

仮定法過去完了の文

If it had been sunny yesterday, we would have gone to the pool to swim.
　　 had＋過去分詞　　　　　　　　　　　助動詞の過去形＋have＋過去分詞

（もし昨日晴れていたら，私たちはプールに泳ぎに行ったのに。）

現実の文 It was not sunny yesterday, so we didn't go to the pool to swim.

> 過去の事実と異なるので，
> 過去完了形で表すよ！

2 出る順！仮定法過去完了

✔よく出る仮定法過去完了の文

・If it had not been for 〜, S'＋助動詞の過去形＋have＋過去分詞〜.

（もし〜がなかったら…だったのに。）

If it had not been for your advice, I would have given up before reaching my goal.

・I wish＋仮定法過去完了. （〜だったらよかったのに。）

I wish I had been born five years earlier.

・as if＋仮定法過去完了 （まるで〜したかのように）

・Without 〜, S'＋助動詞の過去形＋have＋過去分詞〜.

（〜がなかったら，〜だっただろう。）

次の (1) から (6) までの (　) に入れるのに最も適切なものを**1**，**2**，**3**，**4**の中から1つ選びなさい。

(1)　A：If it (　　　　　) for your help, I would have failed the exam.

　　B：I'm happy that you got a good score. You really studied hard.

　　　1 were　　**2** had been　　**3** were not　　**4** had not been

(2)　She was surprised to hear the news, but she started to talk again as if nothing (　　　　) .

　　　1 happen　　**2** happened　　**3** had happened　　**4** happening

(3)　If he (　　　　) the book which his sister gave him, he wouldn't have become a novelist.

　　　1 has not read　　**2** had not read　　**3** couldn't read　　**4** didn't read

(4)　A：The meeting yesterday took three hours. If Bill had been there, he (　　　　) upset.

　　B：He would have. He is always too busy to waste time.

　　　1 might get　　**2** might have got　　**3** might not get

　　　4 might not have got

(5)　A：I went to see the musical you talked about. It was fantastic.

　　B：Really? I wish I (　　　　) with you. I've watched it once, but want to see it once more.

　　　1 go　　**2** went　　**3** have gone　　**4** had gone

(6)　Tom was chosen the MVP for the final game. Without him, the team (　　　　) the game.

　　　1 lose　　**2** lost　　**3** would lose　　**4** would have lost

---

ヒント　(3) novelist　小説家　　　　　　　　　　　　　　　　答え ▶ 別冊 **p.13**

1
章

文
法

22 不定詞

不定詞のさまざまな使い方について学びましょう。
〈seem＋to不定詞〉は「～らしい」「～のようだ」という意味を表します。
使役動詞は目的語のあとに原形不定詞をおいて，「…に～させる〔してもらう〕」
という意味を表します。また，〈動詞＋O＋to不定詞〉の形をとる動詞もあります。

よんでわかる

1 不定詞とは？

〈seem＋to不定詞〉の文

Rachel *seems to know* **that man.**

（レイチェルはあの男性のことを知っているようだ。）

✔ seem toの文の形

過去の形 **Rachel seems to** *have known* **that man at one time.**

（レイチェルは昔，あの男性のことを知っていたようだ。）

> ～してもらう，～させる，など，
> 人に行動を促す動詞だよ

> 不定詞がseemの時よりも過去のことを表すときは，〈seem to ＋完了形〉の形にするよ！

使役動詞の文 **Aoi** *had* **her brother** *pick* **her up at the station.**

使役動詞　　　　O　　　　原形不定詞

（アオイは兄に，駅まで迎えに来てもらった。）

〈動詞＋O＋to不定詞〉の文

> ・〈動詞＋O＋to不定詞〉の形をとる動詞には，want, tell, askなどがあるよ！

His father *wants* **Jim** *to clean* **the garage with him.**

O　　to不定詞

（父親はジムに，いっしょにガレージを掃除してほしいと思っている。）

2 出る順！不定詞

✔ よく出る〈seem＋to不定詞〉の文

・ *seem* **to be ～** （～のように見える）　　**Taro seemed to be sad.**

✔ よく出る使役動詞，〈動詞＋O＋to不定詞〉の文

・〈*make* **O＋原形不定詞**〉（…に～させる）　　**Keiko made her dog stay there.**

・〈*want* **O＋to不定詞**〉（…に～してほしい）　　**Saya wanted me to teach her English.**

・〈*ask* **O＋to不定詞**〉（…に～するよう頼む）

次の (1) から (6) までの (　) に入れるのに最も適切なものを **1，2，3，4**の中から1つ選びなさい。

(1) A : Should we do the homework now?

B : It's too hot (　　　　) anything today. Let's go to the pool!

1 did　**2** to do　**3** not do　**4** doing

(2) Cathy asked me (　　　　) in the line. After a while, she came back with ice cream.

1 to wait　**2** waiting　**3** waited　**4** be waited

(3) A : I'm going to invite Satoshi to join the soccer team.

B : He seems (　　　　) the tennis club. I saw him carrying a racket.

1 to join　**2** to have joined　**3** be joined　**4** be joining

(4) A : What's the matter with your bike?

B : I crashed into a wall riding on it. Fortunately, I didn't get injured, but the bike needs to (　　　　) .

1 be repaired　**2** repair　**3** be repairing　**4** have repaired

(5) A : It was very kind of you (　　　　) me to your house party.

B : That's all right. Help yourself and have fun!

1 invited　**2** have invited　**3** invite　**4** to invite

(6) A : I made my son (　　　　) to a swimming school. I want him to be able to swim safely.

B : I see. Children around here often go and play by the river.

1 to go　**2** going　**3** go　**4** to have gone

1章

文法

23 助動詞

助動詞は動詞の原形と共に用いて，その動詞に意味を加える働きをします。複数の意味があったり，現在形と過去形で意味が異なったりする助動詞もあるので，しっかり覚えましょう。

 よんでわかる

1 助動詞mayの使い方

mayを用いた文 ▶ **You <u>may</u> eat in this room.**

（この部屋で食事してよろしい。）（許可）

「～してもよい」という許可の意味を加える

This plan <u>may not</u> work.

（この計画はうまく行かないかもしれない。）

「～しないかもしれない」という否定の推量の意味を加える　　　　（推量）

✔ 助動詞を使ったの文の形

疑問文	否定文
Can I open this window? （許可） ー**Yes, you can. / No, you can't [cannot].**	**Her story might not be true.** （否定の推量）

> このmightはmayの過去形だけど現在の可能性を表している。
> mayとmightはどちらも「～かもしれない」の意味で使うことがあるんだね。

2 出る順！　助動詞

✔ よく出る助動詞の文

・**Could you ～?** （～していただけますか）（依頼）

Could you pass me the salt, please?

・**would** （～するつもりだ，～だろう，～したものだ）（意思，推量，過去の習慣）

I would never forget her.

・**may** （～してもよい，～かもしれない）（許可，推量）　**He may be over forty now.**

・**must** （～に違いない）（推定）

1 次の (1) から (3) までの (　) に入れるのに最も適切なものを**1，2，3，4**の中から1つ選びなさい。

(1) Our tickets seem to be regular ones. We (　) have to pay extra if we want to take the express train.

　　1 might　　**2** could　　**3** wouldn't　　**4** must

(2) A：(　) you take me to the restaurant you were talking about the other day?

　　B：Sure. How about this Sunday?

　　1 Should　　**2** Could　　**3** Must　　**4** Might

(3) When I was in elementary school, I (　) go fishing in the nearby river with my father every weekend.

　　1 should　　**2** might　　**3** would　　**4** must

2 次の (1) から (3) までの日本文の意味を表すように (　) に入れるのに最も適切なものを**1，2，3，4**の中から1つ選びなさい。

(1) トムはいつの日か海外へ渡って起業し成功してみせると言った。

　　Tom said that one day he (　) go abroad to start a business, and succeed.

　　1 must　　**2** would　　**3** can　　**4** may

(2) 彼女は大学で米文学を専攻したので，このヘミングウェイの本を読めるに違いない。

　　She majored in American literature in college, so she (　) be able to read this Hemingway book.

　　1 may　　**2** could　　**3** should　　**4** must

(3) この記事が本当であるわけがないでしょう。

　　How (　) this article be true?

　　1 can　　**2** must　　**3** may　　**4** might

- -

ヒント **①**(1) extra　別料金

　　②(6) literature　文学　　Hemingway　ヘミングウェイ　　答え ▶ 別冊 p.13〜14

ホントにわかる

確認のテスト⑤

月　　　日

---

1 次の文の（　　）内から適切な語（句）を選び，〇で囲みましょう。

(1)　I've just finished (clean, to clean, cleaning) my room.

(2)　I've decided (change, to change, changing) my plan.

(3)　You took me to the park (when, where, why) you first met me.
　　　　　　　　　　　　　　　　　　　　　　　　　　初めて

(4)　His funny jokes made me (smile, to smile, smiling) .
　　　こっけいな冗談

---

2 日本語に合うように，（　　）内の英語を並べかえましょう。

(1)　彼は彼女の誕生日を忘れていましたが，それが彼女を
　　　怒らせました。(which / angry / forgot / made / , / he / her / her birthday) .

_____ .

(2)　日本文学に関心がある人なら誰でも，これらの本を読むべきです。
　　　(read / interested in / these books / should / whoever / Japanese literature / is) .
　　　　　　　　　　　　　　　　　　　　　　　　　　　　　　　　日本文学

_____ .

(3)　とても疲れていると感じていたので，彼は仕事に行きたくありません
　　　でした。(, / didn't / feeling / he / go to work / very tired / want to) .
　　　　　　　　　　　　　　　　　　　仕事に行く

_____ .

74

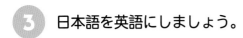

3 日本語を英語にしましょう。

(1) あなたは彼が言ったことを信じますか。

_____

(2) 私は彼らが私たちのチームのメンバーであればよいのにと思います。

_____

(3) 彼女はまるですべてを失ってしまったかのように話していました。

_____

すべてを失う　lose everything

(4) 私たちは彼に私たちを信頼してほしいと思っていました。

_____

〜を信頼する　trust

(5) 彼女の話は本当ではないかもしれません。

_____

彼女の話　her story　　本当の　true

答え ▶ 別冊 **p.14**

24 会話表現の解き方

準2級の会話表現の問題では，短い2往復の会話には解答欄が1つ，長い4往復の会話には解答欄が2つあります。
まずは勧誘・提案の例を見ていきましょう。

📖 よんでわかる

1 人を誘う表現を使った例題

A：Hi, Meg. I'm going to go shopping at the mall near the station. Come with me!

B：That sounds nice, but I have an appointment at the dentist at 11.

A：Why don't you (　　　　)?

> 文の途中が空所になっています。主語に注意して，会話の流れに沿う文を考えましょう。

B：I want to, but I have a lot of homework today and have to finish it by tomorrow.

A：こんにちは，メグ。駅の近くのショッピングモールに買い物に行くんだよ。一緒に行こう！

B：それはいいわね，でも11時に歯医者の予約があるのよ。

A：(　　　　)しましょう。

B：そうしたいけど，今日は宿題がたくさんあって，明日までに終わらせないといけないの。

1 go see the dentist before noon　　　**2** help me with my homework

3 tell me your favorite place for shopping　　**4** join me after your appointment

1 正午前に歯医者に行く　　　　　　　　　**2** 宿題を手伝う

3 お気に入りのショッピングの場所を私に教える　　**4** 予約の後で合流する

答え：**1**

2 注意するポイント

✓ 問われている箇所の直前，直後の文に気をつけましょう。

✓ Why don't you ～? Would you like to ～? などの「～しよう，しませんか」の表現は英検で多く出題されます。二者の会話の流れをよく読み取り正解を導き出しましょう。

Why don't we ～?	一緒に～しましょう。
Why don't you ～?	～しよう。
What do you say to -ing?	～しましょう。
How [What] about -ing?	～するのはどうでしょう？

電話・道案内の例を見ていきましょう。

📖 よんでわかる

3 電話での会話の例題

A：Thank you for calling JJ Seaside Restaurant. How can I help you?

> 出だしの文で電話での会話だとわかります。
> Thank you for calling 〜 .（〜にお電話いただきありがとうございます。）

B：I'd like to make a reservation for tomorrow.

A：Sure. What time would you like?

B：I'd like to （　1　）. _____

A：Sure. How many people?

B：Four. And I would （　2　）.

> 長い会話には
> 解答欄が2つ

A：Let me see. One table on the ocean side is available. Can I have your name?

> Can I have your name?「お名前をおうかがいしてもよろしいですか？」

B：My name is John Smith. Then please make a reservation for us. Thanks.

A：JJシーサイドレストランにお電話いただきありがとうございます。どのようなご用件でしょうか？

B：明日の予約をしたいのですが。

A：かしこまりました。何時がよろしいでしょうか？

B：私は（　1　）を希望します。

A：もちろんです，何名様ですか？

B：4人です。そして私は（　2　）です。

A：そうですね。海側のテーブルが1つ空いています。お名前をおうかがいしてもよろしいですか？

B：私の名前はジョン・スミスです。では，予約をお願いします。ありがとう。

(1) 　1　 reserve a table for 8 p.m. 　　　2　 reserve a table for four people
　　 　3　 know your opening time 　　　　4　 cancel the reservation

(2) 　1　 like to have something to drink 　2　 like to take out some food
　　 　3　 like a table with a good view 　　4　 like to know a nice sightseeing spot near your place

(1) 　1　 午後8時のテーブルを予約する 　2　 4人分のテーブルを予約する
　　 　3　 開店時間を知る 　　　　　　　　4　 予約を取り消す

(2) 　1　 何か飲み物を飲みたい 　　　　　2　 何か食べ物を持ち帰りたい
　　 　3　 眺めの良い席がいい 　　　　　　4　 近くのいい観光スポットを教えてほしい

答え：(1)**1** 　(2)**3**

4 電話・道案内の文で注意するポイント

✔ 電話や道案内などの会話であることは最初の発話で理解することができます。

✔ 誰が何のために聞いたり，たずねたりしている会話なのかを押さえながら読み進めます。

25 勧誘・提案①(カジュアル)

友人や家族での会話など，カジュアルな場面での会話表現を見てみましょう。

よんでわかる

1 人を誘う表現

 Why don't we go to that shop?
その店に行ってみよう。

Let's go shopping!
買い物に行きましょう！

Why don't you go to that shop?のように，主語をyouに
すると「その店に行ってみるといいよ。」と提案の表現になります。

 *Do you want to **go fishing with us?**
私たちと一緒に釣りに行きたい？

*Can I invite **you to dinner?**
ディナーに誘っていいかな。

Do you have time **after school?**
放課後時間はありますか。

Do you have any plans **for next Sunday?**
次の日曜日に予定はありますか？

よく出る表現

*勧誘や提案をする際に，カジュアルな場面ではwouldやcouldなどの助動詞の過去形を用いた
Would [Could] you ～?のような丁寧な表現ではなく，フランクな表現が用いられることが多いです。

2 人に提案する表現

 Why don't you **look around the city?**
市内を回って見てみるといいよ。

What do you say to **having lunch with me?**
一緒にランチするのはどう？

Why don't we look around the city?のように，主語をwe
にすると「市内を回って見てみよう。」と勧誘の表現になります。

 Do you feel like **Sushi?**
お寿司なんてどう？

You should **go to that restaurant.**
そのレストランに行くべきだね。

*How about **taking a break at the café?**
あのカフェで一休みしようよ。

*What about **dinner at the restaurant?**
あのレストランで夕食はどう？

よく出る表現

*How [What] about ～?　は～の部分に名詞か動名詞がきます。

文章内の（　　）に入れるのに最も適切なものを**1，2，3，4**の中から１つ選びなさい。

1 A：Jim, did you do your homework for school?

B：Not yet. It's still Saturday. I'll do it in a little while.

A：You said the same thing last week, and then did your homework late at night on Sunday. Why don't you plan better?

B：You're right. I'll do it now so（　1　）.

(1)　**1**　the teacher will give more homework

　　2　it won't be like last week

　　3　you can help me

　　4　I will make the same mistake

2 A：What are you going to do at the end of the week, James?

B：I don't（　1　）, so I'm going to watch a movie at home.

A：How about seeing a movie at a theater once in a while?

B：That's a good idea. I haven't been to the cinema for a while.

A：Me neither. Then let's go see a movie.

B：Sounds good! Do you have any recommendations for movies that（　2　）?

A：Not especially. Let's check on the internet.

B：OK.

(1)　**1**　have anything better to do

　　2　understand what you're talking about

　　3　know what your plan is

　　4　remember what I did last weekend

(2)　**1**　I don't want to see

　　2　I can see on the internet

　　3　are at available at home

　　4　are playing right now

ヒント **1** Why don't you ～?　～した方がいい

答え ▶ 別冊 p.14～15

26 勧誘・提案②（フォーマル）

職場やレストラン，ホテルなどでのフォーマルな表現を見てみましょう。

 よんでわかる

1 人を誘う表現

 What *would you say **to dinner tonight?**
今晩，夕食はいかがでしょう。

I'd* like to invite **you for dinner tonight.**
今晩，夕食にお招きしたいのですが。

*Would you like to **go to the party with us?**
私たちと一緒にパーティーに行きませんか。

I (We) *would like you **to come to our party.**
あなたにパーティーにいらしていただきたいのです。

*Would you care to **join our club?**
私たちのクラブに入りましょう。

It *would be great if you could **join our club.**
私たちのクラブに入ってくれると嬉しいです。

✔よく出る表現

*フォーマルな場面ではwouldなどの助動詞の過去形を用いた丁寧な表現で勧誘・提案をすることが多いです。

2 人に提案する表現

 Would you like **coffee or tea?**
コーヒーか紅茶はいかがでしょうか。

*What can I do **for you?**
／*How can I **help you？**
（何かできることはありませんか。
／何かお手伝いできることはありませんか。
＝いらっしゃいませ。）

 How would you like to go to **the temple?**
そのお寺に行ってみてはどうですか。

Can I **give you a hand?**
お手伝いいたしましょうか。

以下のような丁寧な表現も覚えておきましょう。

 I'm wondering if you'd like to **join our club.**
私たちのクラブに参加したらどうでしょうか。

 Don't you think it might be a good idea to **reserve a table?**
席を予約しておくのが良いとは思いませんか。

✔よく出る表現

*What can I do for you? / How can I help you?（いらっしゃいませ。）などの定型表現を覚えておくことで，どのような場面で話されているのかをすぐに理解でき，問題を解く助けになります。

 **といてわかる**

文章内の(　　)に入れるのに最も適切なものを**1，2，3，4**の中から１つ選びなさい。

1 A：Thank you for coming all this way to meet us today.

B：I'm glad we had a very good meeting.

A：We think so, too. We would like you to have dinner with us. There is a very nice restaurant near the office.

B：That (　1　). I would love to join you.

(1) **1** requires more effort 　　　**2** depends on your feelings

　　 3 would be wonderful 　　　 **4** is an important reservation

2 A：How can I help you?

B：I'm looking for a strong umbrella. I buy cheap umbrellas and they often break.

A：I see. Cheap umbrellas have thin frames that break easily. Would you like this one?

B：It looks strong but it (　1　). Can I try to open it?

A：Sure. Here you are. Actually, the frame is very light.

B：Wow, this is very light. Hmm. I believe (　2　).

A：Not at all. This is on sale now for only 10 dollars.

B：Really? That's reasonable for me. I will take this one.

(1) **1** must be heavy for me to carry

　　 2 doesn't keep out heavy rain

　　 3 is sold out now

　　 4 will be good as a gift

(2) **1** it will be rainy again 　　　**2** I put my umbrella somewhere

　　 3 this is expensive 　　　　 **4** I should buy this

ヒント **1** come all this way　はるばるここまでやって来る

答え ▶ 別冊 **p.15**

2章 会話表現

27 電話・道案内①(たずねる側)

月／日

電話や道案内での会話表現を見てみましょう。
まずは，たずねる側の表現です。

 よんでわかる

1 電話の表現

*Hello?
もしもし。

*Hello, this is Lika speaking.
もしもし，リカです。

Can I speak to James?
ジェームズとお話ししたいのですが。

May (Could) I speak to Mr. Smith?
スミスさんとお話しできますか。
Can I ~? よりも丁寧な表現です。

✔ よく出る表現

＊電話での会話の冒頭に用いられる語です。リスニング問題では冒頭に電話の発信音が流れ，電話での会話であることを理解することもできますが，筆記問題ではこのような表現を手掛かりに電話での会話であることをすばやく読み取ることができます。

2 道案内の表現

Excuse me, but ~.
すみません，~。

*Could you tell me the way to North Station?
ノース駅への道を教えてくれますか。

How can I get to the city hall?
市役所へはどのように行きますか。

How long does it take to get there?
そこへ行くにはどのくらいの時間がかかりますか。

How much does it cost to get there? とすると「そこへ行くにはいくらかかりますか。」という意味になります。

What station do I get off at for the museum?
博物館へはどの駅で降りればいいですか。

Where is the nearest post office?
一番近い郵便局はどこですか。

✔ よく出る表現

＊**How can I get to ~?**(~へはどのように行きますか。)や**Could you tell me how to get to ~?**
(~への行き方を教えてくれますか。)などの類似表現も覚えておきましょう。

文章内の(　)に入れるのに最も適切なものを1, 2, 3, 4の中から１つ選びなさい。

1 A：Hello? Amanda? This is Tim speaking.

B：Oh, Tim. What's up?

A：I forgot to turn off the light in the meeting room. Are you still in the office?

B：Yes, I am. I have to prepare for the meeting tomorrow, so I have a few more things to do. I'll (　1　).

(1) **1**　fix the light **2**　turn it off

3　attend the meeting **4**　prepare for the meeting

2 A：Excuse me, officer. Could you tell me the way to West Museum?

B：West Museum? It's in the next town over. I'm afraid (　1　) there from here.

A：Oh, really? I must have gotten off at the wrong station.

B：Now, you should take the bus over there, because the next train will not come for one hour. Do you see the bus stops over there?

A：Yes.

B：So, please (　2　) at bus stop number 3.

A：Thank you very much.

B：Take care.

(1) **1**　there are no buses that go

2　it takes a lot of time to get

3　you don't have any way to get

4　I always make a mistake going

(2) **1**　ask the way to the station **2**　get off the bus

3　call the museum **4**　take the bus

ヒント **2** get off　（バスや電車から）降りる 　　　　　　　　答え ▶ 別冊 p.15

28 電話・道案内②（たずねられた側）

月 / 日

続けて，電話や道案内でのたずねられた側の表現を見てみましょう。

📖 よんでわかる

1 電話の表現

Thank you for calling（〜）.
（〜に）お電話いただきありがとうございます。

Hold on, please.
お待ちください。

May I have your name?
お名前をおうかがいしてもよろしいでしょうか。

***Would you like to leave a message?**
伝言をうけたまわりましょうか。

(I'm) speaking.
私です。

You have the wrong number.
電話番号を間違えていますよ。

I will call you back.
折り返しお電話します。

✔ よく出る表現

*I'll give him [her] your message.（彼［彼女］にあなたのメッセージをお伝えしますよ。）という
表現も用いられます。

2 道案内の表現

It won't take very long.
そんなに時間はかかりませんよ。

It's at the end of the street.
この道のつきあたりにあります。

The train leaves from platform no. 3.
3番ホームから電車が出発します。

You should take the next train.
次の電車に乗ってください。

You can't miss it.
間違えませんよ。［すぐにわかります。］

Turn right [left] at the next corner.
次の角で右［左］に曲がってください。

Go down this street for three blocks.
この道を3ブロック行ってください。

Turn and you will see a tall white building.
曲がると高くて白いビルが見えます。

You will see it on your right [left].
右手［左手］にそれが見えてきます。

***Take care.**
お気をつけて。

✔ よく出る表現

*道案内をしてお礼を言われた後の表現としては，**My pleasure. / Not at all. / No problem.**（ど
ういたしまして。）などがよく用いられます。

84

文章内の(　　)に入れるのに最も適切なものを**1，2，3，4**の中から１つ選びなさい。

1 A : Hello? Can I talk to Cate?

B : She is still out. May I have your name?

A : I'm Tom Smith, Cate's tennis instructor. I'm calling her because next month's lesson schedule will change.

B : Thank you for calling. I'll have her call you （　1　）.

(1) **1** at the end of the match   **2** during the next lesson

  3 when she goes there   **4** when she comes back

2 A : Can I help you?

B : Oh, thanks. I might be lost. Are we near Green Park?

A : Yes, but you seem to （　1　）. The park is at the opposite end of this street.

B : Oh!

A : Go down this street for about two blocks and you will see a huge, white gate.

B : Thanks! However, why are so many people walking in a different direction from the park?

A : Those people might be going to the concert at the stadium over there.

B : I almost （　2　）.

(1) **1** be fine these days

  2 be familiar with this area

  3 be walking in the wrong direction

  4 enjoy walking in the park

(2) **1** went against the flow of people

  2 went to the stadium

  3 got on the wrong bus

  4 forgot to buy a ticket

ヒント **2** opposite end　反対の端

答え ▶ 別冊 **p.15〜16**

2章

会話表現

次の会話文を完成させるために，（　　）に入るものとして最も適切なものを1 ～ 4の中から一つ選びなさい。

(1)　A：Ann, what are you doing?

　　B：I'm doing my homework during my break.

　　A：Why don't you just do it （　1　）?

　　B：I usually do. I'm thinking of going shopping with Mika after school. Do you want to come too?

1　when you have time　　　　2　when you get home

3　before you leave　　　　　4　during summer vacation

(2)　A：Hello. This is May speaking.

　　B：Oh, May. It's been a while! How have you been?

　　A：I'm fine, but I've been busy with work lately. I'm near your house on business. I was wondering if （　2　）.

　　B：That sounds nice! I just arrived home. Come over!

1　my gift has arrived　　　　2　your address was correct

3　I could meet with you　　　4　I could come back sooner

(3)　A：Excuse me, but how can I get to South Park?

　　B：I'm sorry. I （　3　）. I've just been to the tourist information center right there.

　　A：Oh, I didn't notice that. So, you are also a visitor.

　　B：Yes. I hope you enjoy your visit here.

1　am a tour guide in this town　　2　am not familiar with this area either

3　have been waiting for you　　　4　have lived here for a long time

(4)　A：Thank you for calling South Beach Hotel.

　　B：I would like to make a reservation for tomorrow night. Are there any rooms for four people available?

　　A：Hold on please… . It's now the busy season, and unfortunately, （　4　）.

　　B：That's bad. Thanks anyway.

1　we do not have any rooms available　　**2**　it will probably rain tomorrow

3　I cannot call you back tomorrow　　**4**　the only open day is tomorrow

(5)(6)

　　A：You have a very large variety of used books.

　　B：Thank you very much. Many of our customers are able to find the book they were looking for.

　　A：I already found several books （　5　）.

　　B：That's good to hear.

　　A：I'm on a business trip and it is （　6　） to bring a lot of books back home.

　　B：Would you like to use our delivery service?

　　A：I would love to do so. I'll go pick out more books.

　　B：Please take your time.

1　that are missing pages　　　　**2**　also available at other stores

3　I would like to have　　　　　**4**　you would like to buy

1　difficult for you　　　　　　**2**　difficult for me

3　easy for us　　　　　　　　　**4**　up to you

答え ▶ 別冊 p.16

29 長文3ABの解き方

長文の3Aは，パッセージ中の2つの空所に合う語句を選択する問題です。
物語文が出題されます。

📖よんでわかる

1 【3A】大まかな物語の文脈をつかむ

・まずは必ずタイトルをチェック。これから読む物語のテーマを把握できます。
・次に本文をざっと読み，大まかな文脈を把握しましょう。

> **ポイント**
>
> ★段落は2つ。基本的に時系列に沿って物語が進行します。
> ★起承転結ごとに内容をつかむと全体の物語を把握しやすいでしょう。
> ★時や展開を表す語句に注目すると流れを理解しやすくなります。
>
> 　例えば…
>
> **one day**「ある日」：「承」の場面で使われ，時間が進行していることを伝える
>
> **however**「しかし」：「転」の場面で使われ，前の文とは反対の内容を伝える

2 空所の直前・直後の文の関係に注目して解く

・次に改めてしっかりと本文を読み進め，問題を解きます。

> **ポイント**
>
> ★空欄の直前と直後の関係を把握し，文脈に合った語句を選びましょう。
>
> 　例えば…
>
> I asked Mary to （　　　　　）. Now, I can speak fluently with foreign people.
>
> **1**　teach me English 　　　　**2**　play baseball with me
>
> **3**　join the drama club 　　　**4**　take math classes
>
> 直後の文「今では外国の人と流ちょうに会話ができる」の文脈に合うのは**1**。

長文の3Bは，パッセージ中の３つの空所に合う語句を選択する問題です。
文化や歴史，生物や環境など幅広いテーマの説明文が出題されます。

3 【3B】大まかな内容と流れをつかむ

・まずタイトルを確認し，全体のテーマをつかみます。
・次に本文をざっと読み，大まかな内容を把握しましょう。

ポイント

★段落は３つ。基本的に，序章・本論・結論という構成になっています。

第一段落…序章（トピックの提示と導入）

第二段落…本論（具体例，説明，話の中心）

第三段落…結論（さらなる展開，反対例，今後の展望，まとめ）

★各段落の大まかな内容をつかみ，全体の流れを把握しましょう。

4 空所の前・後の論理展開に注目して解く

・次に改めてしっかりと本文を読み進め，問題を解きます。

ポイント

★説明文は，どのような論理展開になっているかを理解するのがポイントです。
つなぎ言葉をヒントにすると理解しやすくなります。

例えば…

Japanese food is popular in the world. **For example**, sushi is eaten in many countries.

for example「例えば」：具体例を紹介する

We should take care of our physical health. **Furthermore**, we should pay attention to our mental health.

furthermore「さらに」：情報を追加する

ほかにも**first of all**「まず最初に」（順序を示す），**but**「しかし」（逆の内容を示す）などがあります。

3章

長文

30 長文4ABの解き方

長文の4Aは，Eメールの内容に関する３つの質問が出題されます。
内容は親しい人同士のやりとりや，企業の担当者とのやりとりなどさまざまです。

📖 **よんでわかる**

1 【4A】大まかな内容と流れをつかむ

・まずはメールの件名をチェックし，テーマを把握しましょう。
・送信者と受信者も確認。メールには送信者・受信者以外の人物が登場することもあります。
　誰が誰に宛てたメールなのか，最初に明確にしておくと理解しやすくなります。
・次にメール本文をざっと読み，大まかな内容を把握しましょう。

> **ポイント**
> ★段落は３つ。基本的に，各段落に以下の内容が書かれています。
> 　第一段落…あいさつ，２人の関係性，近況報告，テーマの導入
> 　第二段落…テーマの詳細，本題
> 　第三段落…具体的な依頼内容，または別のテーマ
> ★各段落の大まかな内容をつかみ，全体の流れを把握しましょう。

2 言い換え表現に注目して解く

・質問文を確認し，問われている箇所を探しながら問題を解きます。

> **ポイント**
> ★正解の選択肢は，本文のポイントとなる部分と全く同じ表現にはなっていません。
> 　どのように言い換えられているかに注意することがポイントです。
> 　例えば…
> ✔同じ意味を表す単語や語句での言い換え
> 　I booked the hotel **from the website**.　⇒　I booked the hotel **online**.
> ✔２文を１文にまとめた言い換え
> 　Dear Mr. White, This is Mary from **ABC Travel Agency**. Thank you for **coming** yesterday.
> 　⇒　A man **met with a staff of travel agency** yesterday.
> ✔climbingやwild flowersなどの単語から推測した言い換え
> 　Did you enjoy **climbing** and **watching wild flowers** last month, Mike?
> 　⇒　Mike went to the **mountain** last month.

長文の4Bは，説明文の内容に関する４つの質問が出題されます。
文化や歴史，生物や環境など幅広いテーマが出題されます。

3 【4B】大まかな内容と流れをつかむ

・まずタイトルを確認し，全体のテーマをつかみます。
・次に本文をざっと読み，大まかな内容を把握しましょう。

ポイント

★段落は４つ。基本的に，序章・本論・結論という構成になっています。
　第一段落…序章(トピックの提示と導入)
　第二・三段落…本論(具体例，説明，話の中心)
　第四段落…結論(さらなる展開，反対例，今後の展望，まとめ)
★3B同様，どのような論理展開になっているかを理解するのがポイントです。
　各段落の大まかな内容をつかみ，つなぎ言葉などに注目して，全体の流れを
　把握しましょう。

4 言い換え表現に注目して解く

・質問文を確認し，問われている箇所を探しながら問題を解きます。

ポイント

★4A同様，正解の選択肢が本文からどのように言い換えられているかを見極め
　るのがポイントです。4Aよりもさらに本文全体の理解力を問われますので，
　最初につかんだ大まかな流れを意識しながら解いていきましょう。
　例えば…
✔複数の文章の内容を端的に１文で言い換え
　Scientists found the old dishes in the area. Therefore, it is said that there was
　once a civilization there.
　⇒ **The old dishes show that people lived there.**
★誤答選択肢の中には，ひっかけとして本文中にある単語を使っていることも
　あります。
　例えば…
　They bring not only clothes, but also **homemade** bread.
　⇒ **1** They bring **homemade** clothes.　**2** They bring bread **made by them**.
　印象的なhomemadeという単語を使っている**1**が答えのように見えるが，正解
　は言い換え表現を使っている**2**。

3章

長文

✎ **といてわかる**

1 次の英文を読み，⑴と⑵の（　　）に入れるのに最も適切なものを**1**，**2**，**3**，**4** の中から一つ選びなさい。

Changing Dreams

　　Kazuya has been good friends with Yuta since they were children. They loved playing baseball together. They went to different high schools and were on different baseball teams. Kazuya dreamed of becoming a professional baseball player with Yuta, but he did not tell Yuta about it. Until junior high school, Kazuya had higher baseball skills than Yuta. But later on, it was difficult to decide （　1　）.

　　One day, Kazuya hurt his knee during practice. The doctor said that Kazuya would not be able to play baseball anymore. Kazuya was very disappointed and cried all night. Kazuya called Yuta and told him that he would quit baseball. Yuta also cried and talked about his own dream. Yuta's dream was （　2　）. Kazuya was happy to learn that they had felt the same way. After that, he decided to do physical therapy. He changed his dream from being a baseball player to being a personal trainer for Yuta.

⑴　**1** where it was

　　2 who was that

　　3 which was better

　　4 when to play

⑵　**1** different from Kazuya's

　　2 the same as Kazuya's

　　3 to be a trainer

　　4 not about baseball

ヒント quit　やめる，中止する

Dogs Prevent Crime

Humans have lived with dogs for a long time. It is said that dogs come from wolves. Some wolves got food from humans and then started living with them. At present, dogs are known as good partners for humans. As a lot of people know, having dogs is good for our mental and physical health. We can reduce stress by touching them and （　**1**　） by walking our dogs outside. Walking is the best way to stay healthy.

If you have children, having dogs is a good learning tool. Dogs also make our heart gentler. When a child and a dog look at each other, the child can feel its love and learns not to get upset so easily. Moreover, a dog's lifetime is about 15 years. So, dogs usually （　**2**　） children. This can be a good opportunity to learn about the importance of life. For these reasons, people who had dogs when they were children tend not to commit crimes later in life.

Having dogs has positive effects not only on the （　**3**　） but also on the area in which he or she lives. Recent research shows that the number of people who have dogs in an area is related to lower crime rates. A researcher said, "People who try to commit a crime may stop if they see a dog or hear one bark." People also stop and talk on the street as they walk their dogs. This is like having security cameras all over town.

⑴ **1** improve our daily diet
  2 gain weight
  3 feel stress
  4 get some exercise

⑶ **1** individual person
  2 dogs as pets
  3 wild animals
  4 mental health

⑵ **1** live longer than
  2 die earlier than
  3 move faster than
  4 smell better than

ヒント it is said that 〜　〜であると言われている

crime rate　犯罪率

答え▶ 別冊 **p.16〜17**

 といてわかる

次の英文の内容に関して，(1) から (3) までの質問に対して最も適切なもの，または文を完成させるのに最も適切なものを**1**，**2**，**3**，**4**の中から一つ選びなさい。

From: Richard Jones<J_Richard06@umail.com>
To: James White<W-James@umail.com>
Date: August 11
Subject: Barbecue party

Hi James,

Are you doing alright in Australia? I saw the photos you sent me. You seemed to be enjoying some marine sports on your vacation. I want to try them too when I go to Australia someday. I also had a good time on my vacation. Last week, I went camping in the mountain with a few friends. There was a river near our campsite, so we could swim in it. We also enjoyed fishing there.

You're going to come back to the U.S. next month, right? It's been about two years since we last met. My father suggested that we have a barbecue in our garden with your family. I've already told your mother about it, and she agreed. On the day, let's go and get some food for the barbecue by car.

By the way, in your last email, you told me that you would change your major in college. Have you changed it yet? If not, how about majoring in two departments, computer science and design? I think you can study both. It would be tough, but it'll be very useful for your future. Anyway, I'm looking forward to seeing you soon!

Your best friend,

Richard

(1) Last week, Richard
    1 did some marine sports.
    2 went camping with his family.
    3 enjoyed swimming in a river.
    4 took photos at a beach.

(2) What did Richard's father suggest to Richard?
    1 To tell James about Richard's college life.
    2 To meet James at James's house.
    3 To come back home in two years.
    4 To have a barbecue with James's family.

(3) What did James tell Richard about in his last email?
    1 Studying two subjects.
    2 Changing his major.
    3 Going to two colleges.
    4 Designing on his computer.

3章

長文

ヒント by the way　ところで
major　（大学の）専攻

答え ▶ 別冊 p.17〜18

33 長文4B 練習問題

次の英文の内容に関して，(1) から (4) までの質問に対する答えとして最も適切なもの，または文を完成させるのに最も適切なものを**1**，**2**，**3**，**4**の中から一つ選びなさい。

Nutmeg Spice

Nutmeg is one of the world's top four spices. The word "nutmeg" comes from "nut," which is close to seed in meaning, and "meg," which is the musk essence used in perfumes. Nutmeg gives off a slightly sweet smell and can erase the smell of meat or fish, so some people use nutmeg when they make dishes like hamburger steaks. The shape of nutmeg is like a walnut but it is made into a powder before it is used.

Nutmeg first came from the Moluccas in Indonesia. A few spices, such as cloves and nutmeg, were grown only on these islands at that time. So even now, some people call the Moluccas "the Spice Islands." Nutmeg was traded as an expensive spice like black pepper for a long time, and some countries even fought to get it. Around 1770, French people took out nutmeg seedlings from the Moluccas and grew them in different places. After that, the price of nutmeg went down.

Nutmeg comes from the nutmeg tree. To grow nutmeg, we need to plant both male and female trees and breed them. Nutmeg trees grow to be over ten meters high, and we can get their fruit seven years after planting them. The temperature should stay over fifteen degrees Celsius because nutmeg trees are a tropical plant.

It is said that nutmeg is good for the human body. In ancient India, people used nutmeg for their health. Nutmeg has a lot of vitamins in it and keeps our stomachs in good condition. Also, nutmeg makes us relaxed and helps us sleep. However, nutmeg may also harm our health. If we take too much nutmeg, we may feel dizzy or have trouble breathing well. Some experts say that we do not need to be too careful but should never have over five grams of nutmeg a day.

(1) Nutmeg is a spice which
  1 is called "nut" around the world.
  2 is used in all kinds of dishes.
  3 smells a little sweet.
  4 has the shape of a bean.

(2) Why did some counties fight?
  1 Because they wanted black pepper.
  2 Because nutmeg was valuable.
  3 Because the price of nutmeg was low.
  4 Because the Moluccas were a popular place to visit.

(3) When you grow nutmeg trees, you need to
  1 pay attention to the temperature.
  2 have a space with a low ceiling.
  3 move the nutmeg tree to a tropical area.
  4 wait five years to get its fruit.

(4) What do the experts say about nutmeg?
  1 It strengthens the human heart and stomach.
  2 There are no side effects when people eat it.
  3 Using nutmeg for your health is wrong.
  4 Having over five grams a day is not safe.

ヒント dizzy　目まいがする

答え ▶ 別冊 p.18

34 ライティングの解き方

月／日

ライティングの問題では社会問題や日常生活に関わるトピックについてあなたの意見を述べることが求められます。自分の考えを簡潔に表現しましょう。

📖 よんでわかる

1 問題のテンプレート

> 語数は目安なので数語前後することは構いませんが，大きくずれると減点です。

- ・あなたは，外国人の知り合いから以下のQUESTIONをされました。
- ・QUESTIONについて，あなたの意見とその理由を2つ英文で書きなさい。
- ・語数の目安は50～60語です。
- ・解答は，解答用紙のB面にあるライティング解答欄に書きなさい。なお，解答欄の外に書かれたものは採点されません。
- ・解答がQUESTIONに対応していないと判断された場合は，0点と採点されることがあります。QUESTIONをよく読んでから答えてください。

QUESTION

Do you think students should work part-time jobs?

　上記が，準2級のライティング問題のテンプレートです。

　QUESTIONの内容は，身近な社会問題や，学校生活などについて出題されます。あなたの意見を端的に表現できるように，日ごろから問題意識を持っておくことが大切です。

2 答え方のパターン

QUESTIONには，Do you think ～？「あなたは～と思いますか」などのYes / Noで答えることができるパターンとそれ以外のパターンがありますが，どちらも自分の立場をI think ～ / I don't think ～などで表明してから書き始めることができます。

問われ方	質問の型の例	答え方　（書き始め）の例
YES/NO型	**Do you think ～？** 「あなたは～と思いますか。」	Yesの場合 **I think so. / I think ～.**
	Should ～？ 「…は～すべきでしょうか。」	Noの場合 **I don't think so. / I don't think ～.**
他のパターン	**Which do you think is better, A or B?** 「AとBとどちらが良いでしょうか。」	I think A is better. / I think B is Better. 「Aの方が良いと思います。/ Bの方が良いと思います。」

といてわかる

まずは，日本語で書かれた解答例を英語に訳して，ウォーミングアップをしましょう。

[例題]

Should students work part-time?

そう思います。

まず，将来の仕事について考えることができます。自分はどんな仕事に興味があるか，考えることができます。

2つ目は，生徒はお金の大切さを知ることができます。お金を稼ぐことの大変さを知れば，お金をどのように使うとよいか考えるようになります。

ですから，アルバイトをした方がいいと思います。

[解答欄]

_____

_____

_____

_____

_____

ヒント　日本語文を，訳しやすく言い換えよう。　　　　　　　答え ▶ 別冊 p.18〜19

99

35 ライティングの文の組み立て方

📖 よんでわかる

1 スタンスの決定→理由＋具体例→結論

ステップ 1

QUESTIONに対して，「YES」か「NO」か，「Aの方が良い」か「Bの方が良い」かのスタンスをどちらかに決める。

ステップ 2

自分の決めた立場に対し，「理由」を2つ挙げ，さらにその理由に対する「具体例」を1つずつ付け加える。

> 語数を50 ～ 60にするには，理由と具体例は端的な1文で収めると良いでしょう。

ステップ 3

結論で再度，自分の意見を表明する。

＊結論部分は字数に余裕があるときにのみ述べましょう。

2 ライティングの文の組み立て方の具体例

QUESTION：*Do you think students should use electronic dictionaries?*

「学生は電子辞書を使うべきだと思いますか。」という問いに対して，あなたの意見を組み立てていきましょう。

それぞれ**理由**を2つ挙げ，それに対する**具体例，説明**をつけます。

*YES	*NO
理由（1）	理由（1）
・辞書へのアクセスがより簡単になる	・紙の辞書の方が記憶が定着する
具体例，説明	具体例，説明
・重い辞書を持たなくても，いつでもたくさんの辞書をチェックすることができる	・電子辞書は探すのが簡単だが，記憶が定着しづらい
理由（2）	理由（2）
・単語を調べる時間を短縮できる	・電子辞書は調べた単語しか目に入らない
具体例，説明	具体例，説明
・電子辞書はすばやく検索できるので，その分勉強する時間が増える	・紙の辞書ならば，調べた単語の周辺の単語まで目に入り，より勉強になる
結論	
よって，私は学生は電子辞書を使うべきだと思います。	よって，私は学生は電子辞書を使うべきではないと思います。

＊YES / NOの意見を決めたら，最後まで意見を一貫して書きましょう。両方の意見を混ぜたり，途中で意見を変えたりすると減点されてしまいます。

といてわかる

次の例題で，YES／NOの日本語をそれぞれ英語に訳してみましょう。

[例題]

Do you think students should take part in school club activities?

（YES）
そう思います。
まず，学校の勉強だけでなく，さまざまなことを学ぶことができます。例えば，学校のクラブ活動を通して，チームワークの大切さを学ぶことができます。
第二に，一日の限られた時間の使い方を学ぶことができます。時間を有効に使うためのスキルを身につけることができます。
ですから，私は学校のクラブ活動に参加した方がいいと思います。
（NO）
そうは思いません。
まず，学校の外でもたくさんのことを学ぶことができます。学校以外の人間関係も構築する必要があります。
第二に，クラブ活動は多くの時間を奪います。読書や勉強に時間を使うべきでしょう。
ですから，私は学校のクラブ活動には参加しない方がいいと思います。

[解答欄]

（YES）

_____

_____

_____

_____

（NO）

_____

_____

_____

_____

ヒント 書きやすい方の意見を記入しましょう。　　　　　　　　　　答え ▶ 別冊 p.19

4章 ライティング

36 使える接続詞・フレーズ

月／日

文の組み立てに役立つ接続詞やフレーズを見ていきましょう。

よんでわかる

1 立場の表明→理由＋具体例→まとめ

QUESTION

Do you think students should go to bed early?

文の組み立てに役立つ表現を用いて，上の質問に答えていきます。

立場の表明で用いるセンテンス

＊「YES」の場合→I think so. ／「NO」の場合→I don't think so.

＊質問の文のthink以下のstudents should go to bed earlyの部分をそのまま用いて，

I (don't) think students should go to bed early. とすると語数を増やすことができます。

理由を述べる際に用いる語（句）

first「第一に」, first of all「まずは」, second / secondly「第二に」, next「次に」

・First, students need to go to bed early for their physical growth.

・Second, going to bed early improves their ability to study.

具体例を述べる際に用いる語（句）

for example「例えば」, for instance「例えば」, if ～「もし～ならば」, moreover「さらに」

・If you don't get enough sleep, your body cannot grow.

・For example, getting regular sleep helps you remember things.

結論を述べる際に用いる語（句）

That is why ～ ,「このような理由で」, For these reasons, ～「このような理由で」

Therefore「そのために」

・That is why [For these reasons, Therefore] I (don't) think students should go to bed early.

［解答例］

I think so.

First, students need to go to bed early for their physical growth. If you don't get enough sleep, your body cannot grow.

Second, going to bed early improves their ability to study. For example, getting regular sleep helps you remember things.

For these reasons, I think students should go to bed early.

次の例題で，それぞれYES／NOの立場になって答えてみましょう。

［例題］

Do you think it is good for students to wear school uniforms?

（YES）

_____

_____

_____

_____

（NO）

_____

_____

_____

確認のテスト⑦

月　　　日

●あなたは，外国人の友達から以下のQUESTIONをされました。

●QUESTIONについて，あなたの考えとその理由を2つ英文で書きなさい。

●語数の目安は50語 ～ 60語です。

●解答は解答欄に書きなさい。なお，解答欄の外に書かれたものは採点されません。

●解答がQUESTIONに対応していないと判断された場合は，0点と採点されることがあります。QUESTIONをよく読んでから答えてください。

QUESTION

Do you think using electronic money is good for you?

[解答欄]

2
●あなたは，外国人の友達から以下のQUESTIONをされました。

●QUESTIONについて，あなたの考えとその<u>理由を２つ</u>英文で書きなさい。

●語数の目安は50語 ～ 60語です。

●解答は解答欄に書きなさい。なお，<u>解答欄の外に書かれたものは採点されません。</u>

●解答がQUESTIONに対応していないと判断された場合は，<u>０点と採点されること</u><u>があります。</u>QUESTIONをよく読んでから答えてください。

QUESTION

　Do you think instant food is good for you?

［解答欄］

_____

_____

_____

_____

_____

_____

_____

_____

_____

答え ▶ 別冊 **p.20〜21**

3

●あなたは，外国人の友達から以下のQUESTIONをされました。

●QUESTIONについて，あなたの考えとその理由を2つ英文で書きなさい。

●語数の目安は50語 ～ 60語です。

●解答は解答欄に書きなさい。なお，解答欄の外に書かれたものは採点されません。

●解答がQUESTIONに対応していないと判断された場合は，0点と採点されることがあります。QUESTIONをよく読んでから答えてください。

QUESTION

　Do you think having smartphones is good for students?

[解答欄]

_____

_____

_____

_____

_____

_____

_____

_____

_____

4

●あなたは，外国人の友達から以下のQUESTIONをされました。

●QUESTIONについて，あなたの考えとその理由を2つ英文で書きなさい。

●語数の目安は50語 ～ 60語です。

●解答は解答欄に書きなさい。なお，解答欄の外に書かれたものは採点されません。

●解答がQUESTIONに対応していないと判断された場合は，0点と採点されることがあります。QUESTIONをよく読んでから答えてください。

QUESTION

Which is better for you, having your own business or being a company employee?

〔解答欄〕

_____

_____

_____

_____

_____

_____

_____

_____

_____

37 リスニングの傾向と対策

準2級からは，3級と異なり音声が1度しか流れません。
何度も聞き取る練習をしておきましょう。

📖 よんでわかる

1 問題の形式

準2級のリスニングは以下のような形式の問題が出題されます。

第1部	・友達や同僚,お店の店員と客など,男女2人の会話が読み上げられます。 ・最後の文に対する応答として適切なものを選ぶ問題が出題されます。 ・選択肢も読み上げられます。これまでの級と異なりイラストがないので，状況を英文から推測する必要があります。
第2部	・会話が読み上げられるのは第1部と同じです。 ・音声の最後に内容に関する質問が読み上げられて，その質問への答えを選択肢から選びます。
第3部	・50語程度の英文が読み上げられます。 ・テーマとしては，ある人物についてのエピソードや，日常生活の中でのアナウンス，文化や自然に関する説明文などがよく出題されます。

2 第1部で特に注意するポイント

・流れる会話の中でも特に最後の発言に気をつけましょう。
・次の表現のように場面ごとによく出る表現のパターンを覚えましょう。

May I help you?	どうなさいましたか？
Would you like ～?	～はいかがですか？
Can you ～?	～してくれますか？
Could[Would] you ～?	～していただけませんか？
Thanks for -ing.	～してくれてありがとう。
Do you mind -ing?	～してもいいですか？
Do you have any ～?	～はありますか？
How can I ～?	～するにはどうしたらいい？
What should I do?	どうしたらいいの？

3 第2部で特に注意するポイント

- 会話の場面や登場人物の関係性などを理解しましょう。
- 質問で問われる疑問詞に注意し，【何が問われているか】をつかみましょう。

How ～?	【手段】どのように	
	How many ／ much ～?	【数・量】どのくらい
	How much ～?	【金額】いくら
	How long ～?	【期間】どのくらい
What ～?	【もの・事】何が	
Why ～?	【理由】なぜ	
When ～?	【時】いつ	
Where ～?	【場所】どこで	

選択肢は紛らわしいものも多いので
メモを取りながら整理しよう。

4 第3部で特に注意するポイント

- 英語を小さなまとまりごとに理解するようにしましょう。
  - →準2級のリスニングでは音声は1度しか流れないので，要点だけをメモする
    などして小さなまとまりごとに理解する癖をつけましょう。
- 会話の内容が変わるときに使われる表現に注意しましょう。

逆接	but	しかし
	however	しかしながら
	though	～にもかかわらず
	instead of	～の代わりに
原因と結果	because	なぜなら
	therefore	だから
	～, so ...	～だから…
順序	First, ... Second,	第一に，…第二に，
	Finally	最後に
	At first	まず

38 リスニング 第1部

月 / 日

📖 よんでわかる

1 リスニングの出題ポイント［第1部］

第1部は, 以下の形式で出題されます。これまでの級の第1部とほぼ同じですが, イラストがないのでどのような場面かを英文からつかむ必要があります。

🔊 読まれる英文

A: How about this shirt?（このシャツはいかがですか？）

B: It's nice. I really like it. Can I try it on?
（いいですね。本当に気に入りました。着てみてもいいですか？）

A: Certainly. What's your size?（もちろんです。あなたのサイズはいくつですか？）

　　1 I'm a size 10, maybe.（サイズは10くらいです。）

　　2 It's only 15 dollars now.（今ならたったの15ドルです。）

　　3 Do you have another color?（ほかの色はありますか？）

ポイント
| ・会話の最後のセリフ**What's your size?**に注目。
| ・衣料品店での店員と客の会話であることをつかむ。

2 選択肢を吟味する

選択肢はどれもお店で交わされそうなセリフになっています。会話の最後の文から何を問われているかをきちんとつかみましょう。

🔊 読まれる英文

A: Certainly. What's your size?（もちろんです。あなたのサイズはいくつですか？）
　→服のサイズを聞かれていると分かる。

　　1 I'm a size 10, maybe.（サイズは10くらいです。）
　→服のサイズについて答えている。

　　2 It's only 15 dollars now.（今ならたったの15ドルです。）
　→服の値段について答えている。

　　3 Do you have another color?（ほかの色はありますか？）
　→服の色について答えている。

よって, 解答は **1** とわかる。

値段を問う場合はHow much 〜？などが使われるよ。

 **といてわかる**

対話を聞き，その最後にの文に対する応答として最も適切なものを**1** ～ **3**の中から一つ選びなさい。

(1) **1**　　**2**　　**3**　　　　　(2) **1**　　**2**　　**3**

(3) **1**　　**2**　　**3**　　　　　(4) **1**　　**2**　　**3**

(5) **1**　　**2**　　**3**　　　　　(6) **1**　　**2**　　**3**

答え ▶ 別冊 p.22～23

5章

リスニング

39 リスニング　第2部①

よんでわかる

1 リスニングの出題ポイント［第2部］

第2部では，対話の内容を踏まえて質問に答える形式の問題が出題されます。

◀)) 読まれる英文

A: Will this coat be back by next Thursday?（このコートは来週の木曜日までに戻ってきますか？）

B: I'm afraid that this will take longer to wash. Please wait for it about two weeks.（恐れ入りますが，これは洗濯に時間がかかります。2週間ほどお待ちください。）

A: Oh, I am invited to wedding ceremony next Sunday by my friend who lives abroad and I want to wear it there.

（ああ，来週の日曜日に海外に住む友人に結婚式に招待されているので，そこで着たいんです。）

B: I see. We have an express service. It will cost you more, but you will receive it in three days at the earliest.

（そうですか。短時間仕上げがあります。費用はかかりますが，最短で3日後に受け取れますよ。）

Question: What is one thing we learn about the man?

（質問：その男性について，分かることは何ですか？）

1 He has a friend overseas.（彼は海外に友達がいる。）

2 He lives in a foreign country.（彼は外国に住んでいる。）

3 He will have a party next Sunday.（彼は次の日曜日にパーティーをする予定である。）

4 He must take the express train.（彼は急行列車に乗らなければならない。）

ポイント	・期間と出来事，場面と登場人物などをしっかり整理しましょう。

2 問われていることをつかむ

クリーニング店での会話。

質問は**What is one thing we learn about the man?**（その男性について，分かることは何ですか？）なので，男性の発言に注目する。

男性は**I am invited to wedding ceremony next Sunday by my friend who lives abroad and I want to wear it there.**（来週の日曜日に海外に住む友人に結婚式に招待されているので，そこで着たいんです。）と言っているので，**1** He has a friend overseas.（彼は海外に友達がいる。）ことが分かる。

といて わかる

対話と質問を聞き，その答えとして最も適切なものを**1** 〜 **4**の中から一つ選びなさい。

(1)　**1**　Ms. Green couldn't prepare for the meeting.
　　2　Ms. Green's child got sick.
　　3　Ms. Green missed reserving a meeting room.
　　4　Ms. Green went to have lunch.

(2)　**1**　She was very sleepy last night.
　　2　She is good at math and didn't study it at all.
　　3　She watched the movie last night.
　　4　She stayed up late and went out.

(3)　**1**　He failed to reserve.
　　2　His computer was broken.
　　3　He had a wrong number.
　　4　He sat outside all day long.

(4)　**1**　They made French dishes.
　　2　They saw animals.
　　3　They enjoyed swimming.
　　4　They went to the concert.

(5)　**1**　He walked a dog.
　　2　He joined the club.
　　3　He played baseball.
　　4　He found a dog.

(6)　**1**　It is late.
　　2　The bus is delayed.
　　3　It is rainy.
　　4　The hotel is closed.

5章

リスニング

ヒント (1) get sick　病気になる

(2) stay up late　夜更かしをする

答え ▶ 別冊 **p.23〜24**

📖 よんでわかる

1 リスニングの出題ポイント［第2部］

第2部の問題では，質問をしっかり聞き取ることが重要です。

🔊 読まれる英文

A: Have you finished packing for your trip?（旅行の荷造りは終わったの？）

B: Not yet. I already have my passport and suitcase ready, but I don't have any clothes to wear in Norway.

（まだなんだ。パスポートとスーツケースはもう準備したんだけど，ノルウェーで着る服がないんだ。）

A: You have to hurry. Shall we go shopping today?（急がなきゃ。今日，買い物に行こうか？）

B: Yes, let's.（そうだね，行こうか。）

Question: What will the woman do today?

（質問：女性は今日，何をするのでしょうか？）

> 女性の行動がいつする[した]
> ことか気をつけて聞き取ろう。

1 Buy clothes.（服を買う。）

2 Get a passport.（パスポートを取得する。）

3 Find a suitcase.（スーツケースを探す。）

4 Go on a trip.（旅行に行く。）

ポイント
・質問をしっかり聞き，問われている内容をつかもう。
・質問にある，女性がtoday「今日」することに注目しよう。

2 紛らわしい選択肢に気をつける

質問は**What will the woman do today?**（女性は今日何をするでしょうか？）なので，女性が今日することに注目して整理して選択肢を吟味しよう。

Buy clothes.（服を買う。）	今日すること
Get a passport.（パスポートを取得する。）	すでに準備している
Find a suitcase.（スーツケースを探し出す。）	
Go on a trip.（旅行に行く。）	今日することではない

会話に出てきた単語で判断せずに，会話の流れをしっかりと理解しよう。

対話と質問を聞き，その答えとして最も適切なものを**1**～**4**の中から一つ選びなさい。

(1) **1** Make a call.
　　2 Check the menu.
　　3 Buy books.
　　4 Go to the brunch.

(2) **1** Play a video game.
　　2 Watch the baseball game.
　　3 Go to the library.
　　4 Visit her grandma.

(3) **1** Go to the store.
　　2 Order goods online.
　　3 Speak to Mr. Black.
　　4 Make a list.

(4) **1** Wait in line.
　　2 Fix the pants.
　　3 Drink coffee.
　　4 Watch the movie.

(5) **1** Buy a cup.
　　2 Send a letter.
　　3 Check in at the hotel.
　　4 Ask someone the way.

(6) **1** She studied English hard.
　　2 She ate noodle for dinner.
　　3 She took medicines.
　　4 She practiced tennis.

41 リスニング　第2部③

📖 **よんでわかる**

1 リスニングの出題ポイント［第2部］

選択肢の共通点に注目してみよう。

🔊 **読まれる英文**

A: It's almost your birthday, right? I'll buy you something.
（もうすぐ誕生日でしょう？　何か買ってあげるよ。）

B: Thanks! I've always wanted a bag for work. Oh, this is cute!
（ありがとう！仕事用のバッグがずっと欲しかったんだ。あら，これかわいいね。）

A: Hey, this backpack is lighter and bigger. You always carry a lot of books, so this is better for you.
（ねえ，このリュックの方が軽くて大きいよ。君はいつも本をたくさん持っているから，こっちの方がいいよ。）

B: I see. But I don't really like this color.
（そうなんだ。でも，この色はあまり好きではないんだ。）

Question: What does the woman want to do?
（質問：女性は何をしたいのでしょうか？）

　1 Get a bag. （バッグを手に入れる。）
　2 Get a new job. （新しい仕事に就く。）
　3 Get books. （本を手に入れる。）
　4 Get colorful pens. （カラフルなペンを手に入れる。）

　　　　　　　　　　　　　　　　　　}選択肢が全て同じ形

ポイント ・選択肢が全てGet 〜 .の形になっていることに気づけば，「何を手に入れるか？」が問われるとわかる。

2 選択肢の共通点

選択肢の共通点に注目すると，音声を聞く前に出題の体裁を想像できる。

選択肢が全て乗り物	選択肢が全て場所
1 By car.	**1** In the park.
2 By train.	**2** In the school.
3 By bike.	**3** At the hospital.
4 By bus.	**4** In the museum.
→交通手段を問う質問 (How 〜?) かと想像できる。	→場所を問う質問 (Where 〜?) かと想像できる。

といてわかる

対話と質問を聞き，その答えとして最も適切なものを1 ～ 4の中から一つ選びなさい。

(1) 1 Wait until the next one starts.
2 Move to another cinema 15 minutes away.
3 See another movie.
4 Go shopping until 3 o'clock.

(2) 1 Study Italian.
2 Study Japanese.
3 Open a restaurant.
4 Open a cooking school.

(3) 1 Having dinner in the restaurant.
2 Working in the office.
3 Looking for new watch.
4 Being on the train.

(4) 1 Practicing the piano.
2 Teaching how to use a smartphone.
3 Cleaning his room.
4 Making breakfast.

(5) 1 By sending a letter.
2 By making a call.
3 By using delivery.
4 By sending a message.

(6) 1 By train.
2 By bike.
3 On foot.
4 By bus.

答え ▶ 別冊 p.26〜27

📖 よんでわかる

1 リスニングの出題ポイント［第3部］

リスニング第3部では，日常生活でのアナウンスなどがよく出題されます。

🔊 読まれる英文

  Today, the roller coaster will not be open because of strong winds. However, the parade that many cute characters go around the park will be held as usual. It'll start from in front of the castle, at 11:00 and 16:00, so please look forward to it. It will be cold all day long, so we recommend a hot drink at the café.

(本日は強風のため，ジェットコースターは運休となります。しかし，たくさんのかわいいキャラクターが園内を回るパレードは通常通り開催します。お城の前から11時と16時にスタートしますので，どうぞお楽しみに。一日中寒いので，カフェで温かい飲み物を飲むのがおすすめです。)

Question: What is one thing that the announcement says?

(質問：アナウンスは何と言っているでしょうか？)

  1 The parade will be held twice. (パレードは2回行われます。)
  2 It will be snowy all day long. (一日中雪が降ります。)
  3 The roller coaster will be closed at 16:00. (ジェットコースターは16:00で終了します。)
  4 You can't get hot drink at the café today. (今日，カフェで温かい飲み物を飲むことはできません。)

> parade や roller coaster などの単語から，テーマが推測できるよ

ポイント
・選択肢から何についての文章か推測して音声を聞こう。
・メモなどを使って，小さなかたまりで文を理解しよう。
・アナウンスの場所や目的を意識して音声を聞こう。

2 アナウンス出題ポイント

このアナウンスでは主に3つのことが言われています。

ジェットコースター	本日は強風で中止。
パレード	たくさんのキャラクターが園内を回る。 お城の前からスタート。 11時と16時に行われる。
カフェ	温かい飲み物が飲める。

このような大まかな内容をメモなどを使って理解しましょう。

英文と質問を聞き，その答えとして最も適切なものを**1**～**4**の中から一つ選びなさい。

(1) **1** The famous researcher will come.
2 Auditorium 1 will be constructed.
3 They'll keep many kinds of birds on campus.
4 The new bookstore will be open.

(2) **1** The babies under one year old dress up as the devil.
2 This festival has been going on for over 300 years.
3 People celebrate the New Year in this festival.
4 Children and adults all jump together for health.

(3) **1** By eating many delicious leaves.
2 By staying inside the hole all day.
3 By taking a bath and relaxing.
4 By sleeping for a long time.

(4) **1** She studied French hard.
2 She read books at a café and relaxed.
3 She went abroad with friends.
4 She traveled to France alone.

(5) **1** By reading about tennis.
2 By practicing alone every early morning.
3 By studying how the body works.
4 By watching her own game.

(6) **1** People in the village tried to talk to him.
2 The small village was so new and clean.
3 One of his friends was good at fishing.
4 There were no bike shops in the small village.

ヒント (1) auditorium　講堂，ホール　　　　　　　答え ▶ 別冊 **p.28～29**

📖 よんでわかる

1 リスニングの出題ポイント［第3部］

以下の問題のような，ある人物についてのエピソードも，第3部ではおなじみの問題形式です。

🔊 **読まれる英文**

Andy works for a publishing company as an assistant. Many clients come to the office and use the conference room, but almost all of staff members do not reserve the conference room, so it cannot be used efficiently. Then, Andy introduced a new reservation system. With that system, staff members can easily reserve meeting rooms from anywhere, using their smartphones or tablets.

（アンディは出版社でアシスタントとして働いています。多くのクライアントが来社し，会議室を利用するのですが，スタッフのほとんどが会議室を予約していないため，効率的に利用することができません。そこで，アンディは新しい予約システムを導入しました。このシステムにより，スタッフはスマートフォンやタブレット端末を使って，どこからでも簡単に会議室を予約することができるようになりました。）

Question: What can people do with the new reservation system?

（質問：新しい予約システムで何ができるのですか？）

1 Reserve rooms easily.（部屋を簡単に予約する。）
2 Check member's schedule.（メンバーのスケジュールを確認する。）
3 Buy many kinds of smartphone.（豊富な種類のスマートフォンを購入する。）
4 Communicate with their clients.（クライアントとコミュニケーションをとる。）

ポイント
・音声が流れる前に選択肢をよく読み，問われる内容を予測しよう。
・予測した内容に関係すると思われる箇所を注意深く聞こう。

2 選択肢から問われる内容を推測する

選択肢に注目すると，

1	reserve rooms「部屋を予約する」
2	members' schedule「メンバーのスケジュール」
4	clients「クライアント」

ビジネスに関係する文章と予想できる。

また，全ての選択肢がReserve，Check，Buy，Communicateと動詞から始まっているので，「何をするか，何ができるか」が問われると予測できる。

英文と質問を聞き，その答えとして最も適切なものを**1**～**4**の中から一つ選びなさい。

(1) **1** Sing many songs.
    2 Win a dance contest.
    3 Play a role in movies.
    4 Become a good teacher.

(2) **1** Grow vegetables in the field.
    2 Shop at the supermarket.
    3 Make dinner three times a week.
    4 Take him to the hospital.

(3) **1** He made and brought lunch to the university.
    2 He started his new life alone for the first time.
    3 He had a party with his friends.
    4 He did a part-time job to make money.

(4) **1** He lost his new smartphone.
    2 His family was in an accident.
    3 He found a favorite book on his smartphone.
    4 His smartphone was broken.

(5) **1** Make every meals every day.
    2 Work hard and make money.
    3 Get a comfortable bed for Ryan.
    4 Exercise with Ryan.

(6) **1** Write her own novel.
    2 Move to other town.
    3 Study music and art.
    4 Look for many good bookstores.

5章
リスニング

答え ▶ 別冊 **p.29～30**

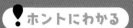

確認のテスト⑧

月　　　日

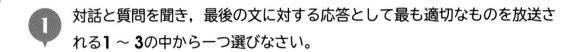

1 対話と質問を聞き，最後の文に対する応答として最も適切なものを放送される**1**〜**3**の中から一つ選びなさい。

(1)〜(4)（選択肢は全て放送されます）

2 対話と質問を聞き，その答えとして最も適切なものを**1**〜**4**の中から一つ選びなさい。

(1) **1** Jack.　　　　　　　　　**2** Jessica.
　　 3 Bob.　　　　　　　　　 **4** Their boss.

(2) **1** To ask about someone she likes.
　　 2 To invite the DJ to her home party.
　　 3 To ask how many calls the radio show has taken.
　　 4 To ask Daniel to be a DJ at her school festival.

(3) **1** Does his homework before dinner.
　　 2 Plays with his brother Alex.
　　 3 Eats dinner with a dog named Alex.
　　 4 Feeds his pet before dinner.

(4) **1** They are annoyed by dogs barking.
　　 2 They want to go exploring in the woods.
　　 3 They seem to enjoy seeing the snow.
　　 4 They look forward to wearing their new outfits.

3 英文と質問を聞き，その答えとして最も適切なものを1 ～ 4の中から一つ選びなさい。

(1) **1** She got sick and was in the hospital.

　 2 The party finished while she was buying flowers.

　 3 Her family had the flu, so she went to the hospital.

　 4 They planned to meet after the party.

(2) **1** Listening to other people.

　 2 Forming your own ideas about things.

　 3 Agreeing with a leader's opinion.

　 4 Reading a lot of books.

(3) **1** Leave the dormitory at 7:00.　　**2** Hold a party.

　 3 Clean his room.　　　　　　　**4** Keep pets.

(4) **1** She arrived at airport on time.

　 2 The train company gave her a makeup ticket.

　 3 The airline waited until the weather was safe to fly.

　 4 The airline waited for her to arrive.

(5) **1** During the First World War.

　 2 During an annual special event.

　 3 In the middle of woods.

　 4 When it was brought there from Egypt.

(6) **1** There weren't any pretty gloves.

　 2 The bite of waffle was delicious.

　 3 The sales clerk promoted the product perfectly.

　 4 Misa chose the waffle maker.

答え ▶ 別冊 **p.31～34**

注意

✔ 音声はポケリスアプリで聞いてください。
✔ 実際の試験ではマークシートが配布されます。
✔ この模擬試験では解答をそのまま
書き込んでください。

1 次の(1)から(20)までの( )に入れるのに最も適切なものを
1, 2, 3, 4の中から一つ選びなさい。

---

(1) It takes a lot of ( ) to make a big change in our lives like the characters in this story.
1 surface **2** courage **3** rhyme **4** atomosphere

(2) **A**: Recently, I've been feeling I'm not suited for this job.
B: I think there is no job that we are perfectly suited for. We should be more ( ) about our jobs.

1 convenient **2** effective **3** tiresome **4** positive

(3) Our company will ( ) an exhibition of the latest internet technologies from around the world.
1 consume **2** ban **3** explode **4** host

(4) It is important to take measures to ( ) faults being found with your achievements.
1 shiver **2** establish **3** avoid **4** escape

(5) I can't understand why you said something that made her so sad. Could you tell me the ( ) for that?
1 reason **2** lie **3** number **4** action

(6) As I ( ) earlier, your company should plan a complete renovation of the network.
1 mentioned **2** failed **3** experienced **4** postponed

(7) "Our village was greatly damaged by the hurricane this month. The restoration will take time," he said ( ).
1 cheerfully **2** sorrowfully **3** usually **4** unfortunately

(8) It is necessary for you to read and understand these papers and books if you want to (　　) my class.

    1 attend   **2** delay   **3** invite   **4** protect

(9) **A :** I'm still worried about what club I should join.
    B : There is little time left. You should make your final (　　) by tomorrow morning.

    1 discovery   **2** rule   **3** mistake   **4** decision

(10) **A :** Hi. I hear you've been invited out to dinner by Jack. I didn't know he likes you.
    B : I'm not (　　) about that. He also had some dates with Cathy last month.

    1 afraid   **2** safe   **3** calm   **4** certain

(11) Mr. Jordan is one of the persons I (　　) most. Even if we have failed at something, he never blames anyone for it.

    1 get along with   **2** look up to   **3** keep in touch with   **4** catch up with

(12) Mona has just left here. She said she would walk to the library, so you can (　　) her on the way if you run there.

    1 get along with   **2** put up with   **3** keep in touch with   **4** catch up with

(13) Raised by strict parents, I try to (　　) from making noise while eating as much as possible.

    1 refrain   **2** suffer   **3** come   **4** start

(14) **A :** What do you think of these shoes? I liked them at first sight, and bought them right away.
    B : They look cool! They (　　) well with your outfit today.

    1 bring   **2** make   **3** go   **4** set

(15) Visitors can enter the amusement park (　　), but they will end up spending a lot of money inside it, on things such as food, drinks, and souvenirs.

    1 with ease   **2** at best   **3** on purpose   **4** for nothing

(16) Our team relies (　　) Fred too much. We have won hardly any of the games he couldn't play in.

    1 on   **2** in   **3** from   **4** with

答え ▶ 別冊 p.34〜35

(17) A weather report on TV says a powerful typhoon is approaching. We will have to (　) our town festival the day after tomorrow if it heads this way as forecast.

1 turn into　　**2** put off　　**3** make up　　**4** go on

---

(18) **A :** Thank you for coming all this way. Would you like coffee or tea?

B : Thank you, but I don't feel like drinking (　) . Can I have a glass of water?

1 one　　**2** either　　**3** neither　　**4** both

---

(19) We are arriving at San Francisco International Airport this evening, (　) Mr. Rogers will pick us up.

1 which　　**2** that　　**3** when　　**4** where

---

(20) **A :** I want to visit Kyoto, Japan someday. When do you think I should go there?

B : Absolutely in autumn! Autumn leaves there are worth (　) at least once.

1 seeing　　**2** to see　　**3** being seen　　**4** to be seen

(21) **A :** Mason City Library. How can I help you?

B : (21) today, but I don't think I get there before you close.

A : No problem, sir. There is a book return box just outside the front door. You can put the book in it.

B : That's great. Thank you for your help.

1 I lost my library card

2 I have to return a book

3 I want to borrow a book

4 I left my umbrella there earlier

(22) **A :** Hi, Carrie. What was that big sigh for?

B : Hi, Tom. My family is planning a surprise birthday party for me (22).

A : What was the problem?

B : I punched my father in the face when he jumped out from behind the door.

1 despite last year's disaster

2 even though I happened to find out

3 even though I hate surprise parties

4 to celebrate my twentieth birthday

(23)

A : Hi, Ken, I wonder if you could walk my dog this Sunday morning?

B : No, problem, Ms. Taylor. (23)?

A : Well, when do you get up?

B : I get up at around seven, but earlier is fine with me. I hear dogs need routines.

1 What do you call it

2 How long do you usually walk it for

3 Where do you usually take it

4 What time do you usually walk it

(24) & (25)

A : Dad, can I use your bike today? I have a flat tire.

B : OK. Do you want me to take your bike to the repair shop?

A : Thanks. Actually I'm thinking of (　　24　　).

B : Sounds like a good idea, but do you know how?

A : I've seen some video clips that show how to do it on the Internet, and I want to give it a try.

B : Don't you need tire repair glue and patching material?

A : Yes, I do, but (　　25　　).

B : Now I remember I've done it a couple of times.

(24) **1** fixing the tire myself

2 asking the shop to pick it up

3 buying a new bike

4 using the school bus from now on

(25) **1** I can buy them online

2 I guess I can do it without them

3 I found some in your tool box

4 I guess you can show me how

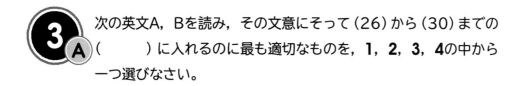

The Kindness of Strangers

Naoto is now using a wheelchair because his leg is injured. He learned two things after he started to use it. One thing is that there are some minor problems to deal with on the roads that non-wheelchair users rarely notice. One example is that (26). Both sides of a road are lower than the center, so you need extra power to push your wheelchair straight ahead when going down a road without sidewalks.

Another thing is that strangers are much kinder to him than he expected. He believes people are generally kind, but he did not have many experiences of helping or being helped by strangers. He finds it difficult to (27) when he is not sure it will be welcome. When he is going along crowded streets, however, people very casually make extra room and let Naoto's wheelchair through. He hopes he can pay the kindness back to strangers someday.

(26) 1 the surface of most roads is not very flat
     2 there are a lot of small bumps on the roads
     3 many sidewalks are not wide enough
     4 there are not enough sidewalks

(27) 1 express his opinion
     2 go out of the house
     3 be friendly to strangers
     4 offer a hand

Santa Marta de Ribarteme Festival

There are a lot of unique festivals around the world, and probably it is safe to say that the Santa Marta de Ribarteme Festival in Galicia, Spain in July is among them. What (28) is, in the festival, coffins are carried through streets, but in those coffins lay not bodies of dead people, but bodies of living people who have survived a near-death experience in the previous year. This festival is an opportunity for those people to thank God and their patron saint Santa Marta for being alive.

When the festival began is not certain, but some say that it dates back as far as the 12th century. Around then, the Catholic church, in an effort to (29) in the region, adapted into Christian ceremonies the practices and beliefs that local people held. Since then, a traditional practice in a rural area has developed into an internationally famous festival that attracts visitors from around the world.

In the parade of coffins, the coffins of the people who almost died are carried by relatives and friends dressed in black, as in a real funeral. A band follows the coffins playing sad music. However, the atmosphere is light. There is live music and a flea market, and local farmers sell their produce, such as wine and vegetables. After the parade, local people and visitors go to open-air kitchens around town to enjoy local cuisine and local white wine. The festival may be a symbol of the victory of (30).

(28) 1 you don't remember
　　 2 has in common with others
　　 3 makes us consider it safe
　　 4 is unique about it

(29) 1 purify the Christian faith
　　 2 spread Christianity
　　 3 replace old customs
　　 4 respect old customs

(30) 1 Christianity over old beliefs
　　 2 traditional over modern life
　　 3 life over death
　　 4 religion over non-religion

次の英文A，Bの内容に関して，（31）から（37）までの質問に対して最も適切なもの，または文を完成させるのに最も適切なものを，1，2，3，4の中から一つ選びなさい。

From: Bryan Collett <bryanc_070921@ezmail.com>
To: Aya Toda <aya_toda@tomomail.co.jp>
Date: February 3
Subject: Hello from Singapore

Hi Aya.

How have you been doing in Niseko? I guess you've been skiing every day this season. When you kindly invited my family there two years ago, we really enjoyed skiing and snowboarding. I learned what powder snow means. You said there are a lot of things to do in summer, too, such as hiking and kayaking. I'd like to go there again in summer to try different activities.

As I wrote before, my father's business brought us here to Singapore in January. Because of that, we have been very busy. It is fortunate we don't have to worry about a language barrier because English is one of their official languages. But other languages are spoken here, too. People of different cultures, religions, and races make up this country. It will be exciting for us to explore different aspects of it. My mother has already started taking cooking lessons.

Singapore has a lot of tourist attractions, too. We went on the Mandai Night Safari tour the other day. It was exciting to see animals active at night. Gardens by the Bay is another place you must visit. I hear their light show is cool. We will be staying here for three years at least. Come and visit us some day.

Bryan

(31) Two years ago, Bryan
    1 visited Niseko with Aya's family.
    2 experienced powder snow.
    3 learned how to ski and snowboard.
    4 planned to go hiking with Aya.

(32) What is Bryan likely to do from now on?
    1 Experience new things in Singapore.
    2 Transfer to another country.
    3 Learn how to deal with a language barrier.
    4 Take cooking lessons with his mother.

(33) What did Bryan do recently?
    1 Watched a light show.
    2 Planned where to take Aya.
    3 Visited Gardens by the Bay.
    4 Observed wild animals at night.

Bringing the Tasmanian Tiger Back to Life

There is a project to bring an extinct animal back to life going on. A team of scientists at the University of Melbourne, Australia and scientists at a genetic engineering company in the U.S. have been working together to bring back Tasmanian tigers. By doing so, they hope to eventually slow down the loss of biodiversity, meaning the decline in the number and variety of plants and animals, due to climate change.

Tasmanian tigers looked similar to dogs but had tiger-like stripes on their backs. They lived in mainland Australia, Tasmania and New Guinea. Their numbers decreased rapidly after humans arrived in Australia. Then after Europeans later arrived, the remaining ones went extinct as a result of being hunted by humans, loss of places to live, and introduction of diseases. The last known Tasmanian tiger died in 1936, and the species was declared extinct in 1982.

So far, no attempt to bring back extinct animals has succeeded. However, the team of scientists believe there has never been a better chance. The Melbourne university team has already uncovered the full genetic profile of the species, and now they are working with the American company to develop techniques to bring back extinct animals. While they are starting with one Tasmanian tiger, their goal is to bring a good number of Tasmanian tigers into the natural environment.

Some scientists think it is unlikely that this project will succeed. They also question the value of this science-fiction-like attempt while many remaining species are losing their battle to survive. But people who support the project argue that if it is successful, the discoveries obtained from it can help protect species that have not yet become extinct. They believe such discoveries will be essential to speed up the process of protecting existing species.

(34) What is the aim of the Australian and American scientists?

    1 To delay the loss of plant and animal species.

    2 To save Tasmanian tigers from extinction.

    3 To help prevent further global warming.

    4 To slow down the speed of land development.

---

(35) What do we learn about Tasmanian tigers?

    1 Tasmanian tigers in Tasmania disappeared in 1982.

    2 Tasmanian tigers were killed because they spread disease.

    3 Tasmanian tigers in Tasmania went extinct before Europeans arrived.

    4 A living Tasmanian Tiger was last seen in the 1930s.

---

(36) The scientists of this project are working

    1 to collect full genetic information on Tasmanian tigers.

    2 to establish a method for bringing back lost species.

    3 to determine what they should start the project with.

    4 to attract more support for this project.

---

(37) Scientists who disagree with this project think

    1 we will be able to preserve existing species without such projects.

    2 efforts should be made to protect existing endangered species instead.

    3 this project will be harmful to some remaining species.

    4 the project will progress too slowly to achieve its purpose.

ライティング

●あなたは，外国人の知り合いから以下の**QUESTION**をされました。

●**QUESTION**について，あなたの意見とその<u>理由を２つ</u>英文で書きなさい。

●語数の目安は50語〜 60語です。

●解答は，下の空欄に書き込みなさい。なお，<u>解答欄の外に書かれたものは採点されません。</u>

●解答が**QUESTION**に対応していないと判断された場合は，<u>０点と採点されることがあります。</u>**QUESTION**をよく読んでから答えてください。

QUESTION

Which do you think is better for new college students, living in a college dormitory or living in an apartment by themselves?

Listening Test

準2級リスニングテストについて

❶ このリスニングテストには，第1部から第3部まであります。
　★英文はすべて一度しか読まれません。

第1部	対話を聞き，最後の文に対する応答として最も適切なものを**1 ～ 3**の中から一つ選びなさい。
第2部	対話と質問を聞き，その答えとして最も適切なものを**1 ～ 4**の中から一つ選びなさい。
第3部	英文と質問を聞き，その答えとして最も適切なものを**1 ～ 4**の中から一つ選びなさい。

❷ No. 30のあと，10秒すると試験終了の合図がありますので，
　筆記用具を置いてください。

第1部

No. 1 ～ No. 10（選択肢はすべて放送されます。）

No. 11

1 Go to basketball practice.
2 Wait and see if the cat eats more.
3 Bring the cat to the vet.
4 Give the cat her favorite food.

No. 12

1 Go skydiving with Jenny.
2 Try bungee jumping.
3 Ride a roller coaster.
4 Plan her birthday party.

No.13

1 They don't look good on her.
2 She can't find them anywhere.
3 They don't match her current eye condition.
4 She prefers glasses to contact lenses.

No. 14

1 If her group can help them.
2 What the group is doing.
3 Where they can find the same T-shirt.
4 If they can help with the clean-up.

No. 15

1 Eat less meat.
2 Eat more insects.
3 Eat more fish and meat.
4 Eat less vegetables.

No. 16

1 He can't join Julie and Meg for dinner.
2 He didn't recognize Meg.
3 Meg has changed a lot.
4 Meg is away on a business trip.

No. 17

1 He has a headache.
2 He is hungry.
3 He has a fever.
4 He is feeling dull.

No. 18

1 To ask if there are cheaper jackets.
2 To get permission to discount the jacket further.
3 To find out if there are any jackets on sale.
4 To ask for help with a difficult customer.

No. 19

1 Meet Cathy at the station.
2 Buy tickets for both Cathy and him.
3 Meet Cathy at the park entrance.
4 Let Cathy know where to meet.

No. 20

1 Whether their house got damaged.
2 What caused that sound.
3 Which hospital the boy wants to go to.
4 Whether boy is really all right.

第3部

No. 21

  1 Because the car she wants is not on sale yet.
  2 Because she wants to improve her health.
  3 Because she will save money to buy the car she wants.
  4 Because her father is against her buying a car.

No. 22

  1 Start running.
  2 Go to a sporting goods shop.
  3 Run a marathon.
  4 Have lunch with her friends.

No. 23

  1 Keep them for the memories they give her.
  2 Remake them to fit her.
  3 Give them to a charity.
  4 Give them to her friend.

No. 24

  1 To warn the public of a potential danger.
  2 To advise people how to take care of wild animals.
  3 To ask the public to look for the lost iguana.
  4 To advise people not to keep wild animals.

No. 25

  1 His opponent started playing tennis earlier than Tim.
  2 Tim was younger than his opponent.
  3 Tim didn't get on well with his coach.
  4 His opponent concentrated more than Tim.

No. 26

  1 To teach people about the history of domestic cats.
  2 To stop people from getting rid of their pets.
  3 To create shelters for black cats.
  4 To help more black cats find new homes.

No. 27

  1 He made friends with surfers.
  2 He met people who have the same hobbies as him.
  3 He got a chance to earn more.
  4 He didn't have to work on weekdays.

No. 28

  1 Something her husband has wanted for a long time.
  2 Something she can use if her husband doesn't.
  3 Something that will be useful to her husband.
  4 Something that her husband requested.

No. 29

1 To inform the customers of a train cancellation.
2 To apologize for the late announcement.
3 To inform the customers when the train will arrive.
4 To apologize for causing an accident.

No. 30

1 They cannot actually change colors.
2 Light has something to do with their colors.
3 Their patterns change when the temperature drops.
4 Their bright colors help them catch food.

答え ▶ 別冊 p.43～46

1　二次試験について

　3級以上の級では，一次試験（筆記）に合格すると，面接委員と1対1で話す二次試験（面接）を受験することになります。二次試験は一次試験合格発表のおよそ2週間後に行われ，二次試験を突破したらその級に合格したこととなります。

　もし，二次試験が棄権などの理由で不合格となった場合でも，一次試験免除申請をすることで1年間は一次試験の受験が免除され，二次試験から受験することができます。

詳しくは英検のHPをご覧ください。

2　二次試験の流れ　※実際の面接委員の発言と異なる場合があります

①入室・面接カードの提出・着席

・まずノックをしてから部屋に入ります。この時，please, come in.と言われることもあります。

・面接委員からHello, Good morning,などのようにあいさつされます。元気よくあいさつを返しましょう。

・「面接カード」の提出を求められるので，一言添えながら手渡します。

・その後，着席の指示がありますので，着席します。

★面接委員　◇受験者

★Good morning.

◇Good morning.

★Can I have your card, please ？

◇Here you are.

★Thank you. Please have a seat.

◇OK Thank you.

②氏名・級の確認，あいさつ

・面接委員が受験者に名前と受験する級をたずねます。

　また，面接委員から簡単な質問などをされます。

　面接のときだけでなく，部屋に入室した瞬間から，自然なコミュニケーションを

とれるかも採点の対象となります。

しっかりと答えましょう。

★I'm Lily White, nice to meet you.
　May I have your name, please?

◇Nice to meet you. My name is Yudai
　Sasaki.

★Mr. Sasaki, this is the Grade Pre-2
　test, OK?

◇OK.

★Mr.Sasaki, how did you get here today?

◇I got here by car.

③問題カードの受け取り

・いよいよ面接開始です。問題カードを渡されます。
　カードには短い英文と，1枚のイラストがあります。

★Let's start the test. Here is your card.

◇Thank you.

《問題カードの例》

Smartphone

More and more young people are using smartphones. A few years ago, their main purpose of using smartphones was exchanging messages with their friends. However, recently they have seen many posts on social media. They search for beautiful spots, delicious food and even the way to study on social media.

《イラスト略》

---

④問題カード(パッセージ)の黙読と音読

・面接委員から，20秒黙読するよう指示があります。

★Please read the passage silently for 20 seconds.

◇OK. ここで内容を把握しましょう。

・20秒後，面接委員よりパッセージを音読するよう指示があります。
　タイトルも含めて音読しましょう。

★Now, please read it aloud.

・大きな声で，はきはきと読みましょう。
・文の区切りやアクセントを意識して読みましょう。意味の通らないところで区切って読むと，意味を理解していないとみなされ減点される可能性があります。

⑤質疑応答

・音読のあと，面接委員から５つの質問が出されます。

No.1 問題カードの英文（パッセージ）の内容についての質問
(例)According to the passage, what is the main purpose of using smartphones for young people nowadays?（文によると，最近若い人々がスマートフォンを使う主な目的は何ですか。）

No.2 問題カードのイラストについての質問。イラストの中でさまざまな動作をしている人物の行動を問われるので，できるだけ多く説明する。
(例)Now, please look at the people in Picture A. They are doing different things. Please tell me as much as you can about what they are doing.
（イラストAの人々を見てください。彼らは異なった行動をしています。彼らが何をしているか，できるだけ多く教えてください。）

No.3 問題カードのイラストについての質問。イラストの中に描かれている人物が，次にしようとしている行動や，何かの理由でできなくて困っている様子が描かれている。その人物の状況について問われる。
(例)Now, look at the man who looks sad in Picture B. Please describe the situation.（イラストBの悲しそうな男性を見てください。状況を説明してください。）

No.4 パッセージの内容に基づいて，受験者の意見を問う質問。
また，その理由についても問われる。
(例)Do you think it is important to use social medias to get information?
（情報を得るのにソーシャルメディアを使うことは重要だと思いますか。）

No.5 パッセージとは関係なく，受験者の意見を問う問題。
また，その理由についても問われる。
(例)Today, some companies are trying to invent self-driving cars. Do you think self-driving cars will be common in the future?
（今日，企業は自動運転の車の開発に尽力しています。あなたは将来，自動運転の車は一般的になると思いますか。）

⑥テスト終了，退室

質疑応答の終了後，面接委員から試験の終了が告げられます。問題カードを返却し，退室します。

　★That's all, Mr.Sasaki. May I have the card back, please?

　◇Here you are.

　★Thank you. You may go now.

　◇Thank you very much. Goodbye.

二次試験（面接）を体験してみよう！

People with dogs

People have lived with dogs for centuries. Dogs help people in many cases. For example, blind people walk around the city safely thanks to guide dogs.

These days, people get healed by contacting with trained dogs. It is called, "Dog Therapy" and more and more people live relaxing life with them.

★「スマレクebook」で専用のカメラを起動し，このページをかざすと
面接動画（解説付き）が再生されます。

No.1 According to the passage, what can people do thanks to guide dogs?

（文によると，盲導犬のおかげで人々は何ができますか。）

→ **They can walk around the town safely.**

（彼らは安全に町を歩くことができます。）

No.2 Now, please look at the people in Picture A. They are doing different things. Please tell me as much as you can about what they are doing.

（では，イラストAを見てください。彼らはいろいろなことをしています。彼らのしていることをできるだけたくさん教えてください。）

→ **A man is walking with his dog.**（男性は犬と歩いています。）

→ **A woman is afraid of the dog.**（女性は犬を怖がっています。）

→ **A woman is playing with a cat.**（女性は猫と遊んでいます。）

→ **A man is watching a bird.**（男性は鳥を見ています。）

→ **A man is sitting on the bench.**（男性はベンチに座っています。）

No.3 Now, look at the man who looks sad in Picture B. Please describe the situation.（イラストBを見てください。状況を説明してください。）

→ **A man and his dog can't walk through sidewalk because someone parked the bike there.**

（誰かが歩道に自転車を駐めたので，男性と犬が通り過ぎることができません。）

No.4 Do you think it is good for children to contact with animals?

（子どもが動物と触れ合うのは良いことだと思いますか。）→ **Yes.**（はい。）

Why?（なぜですか。）

→ **Because they can learn about life by contacting with animals.**

（動物と触れ合うことで，命について学ぶことができるからです。）

No.5 These days, more and more people use electronic books.

（最近，より多くの人が電子書籍を使います。）

Do you use electronic books?（あなたは電子書籍を使いますか。）

→ **Yes.**（はい。）

Why?（なぜですか。）

→ **Because we can carry it easier.**（簡単に持ち運べるからです。）

★「スマレクebook」で専用カメラを起動し，このページをかざすと
面接動画（解説なしの体験型）が再生されます。

別冊

取りはずしてご使用ください。

よく出る順で
ホントにわかる
英検® 準2級

答えと解説

新興出版社
shinko publishing

✎ といてわかる

(1) **1** (2) **2** (3) **3**
(4) **3** (5) **4** (6) **2**

解説

(1) needed some eggs「卵が必要だった」という箇所から答えが分かる。選択肢のうち卵を売っているのは store「店，商店」。2のaisleは「通路」という意味。
訳 今夜の夕食のために卵が必要なので，サリーの母親は彼女にお店に買いに行くよう頼んだ。
2「通路」，3「会社」，4「旅」

(2) **訳** A：私は8時間以上勉強しています。少し休憩を取った方がいいと思います。
B：それはいい考えだね。そんなに頑張ると体に悪いよ。
1「機会」，3「取り引き」，4「成績」

(3) 空所の前後の意味は「ピカソの絵を見るまで，トニーは（　）に興味がなかった。しかし，今はもっと知りたいと思っている。」となる。この空所に当てはまるものを選ぶ。
訳 トニーはピカソの絵を見るまで，美術に興味がなかった。しかし，今はもっと知りたいと思っている。
1「費用」，2「危険性」，4「賞」

(4) **訳** A：お母さん，その荷物を運ぶのを手伝うよ。
B：ありがとう，注意して運んでほしいな。とても繊細なものだから。
1「嘘」，2「合計」，4「容易さ」

(5) **訳** A：昨日の面接はうまくいったの？
B：緊張してうまく話せなかったから，就職できる見込みはないと思うよ。
1「目的」，2「秘密」，3「考え」

(6) do laundry three times a day「1日に3回洗濯をする」という部分から空所に当てはまるものが分かる。
訳 大家族なので，毎日きれいにしなくてはならない服がたくさんある。私たちは通常，1日に3回洗濯をする。
1「信号」，3「程度」，4「模様」

✎ といてわかる

(1) **3** (2) **4** (3) **4**
(4) **3** (5) **1** (6) **1**

解説

(1) 空所を含むhe searched the Internet to find more (　) は「もっと（　）を得ようとインターネットを検索した」という意味。インターネットで検索する対象として適切なのは3 information「情報」。
訳 ピーターは，第二次世界大戦に関する発表の準備をしなければならなかった。そこで，そのテーマについてもっと情報を得ようと，インターネットを検索した。
1「選択」，2「表面」，4「田畑」

(2) **訳** 座席は予約順に最前列から埋まっていきますので，ご希望に添えない場合がありますことをご了承ください。
1「小包」，2「場合」，3「裁判官」

(3) **訳** その食料品店は値段がとても安いので，このあたりではとても人気がある。多くの人が安い食べ物を買うためにそこに行く。
1「ラベル」，2「程度」，3「起源」

(4) 1「実験」，2「記憶力」，3「報告（書）」，4「家具」。このうちI had to write today.「今日書かなければいけない」という意味に会うのは3。
訳 A：私は今日書かなければならないレポートを書き上げたところです。あなたはどうですか？
B：あと少しで終わります。あと10分もあれば書き上がります。

(5) **訳** ブライアンは素晴らしい指導力を持った，この会社で最も優秀な社長の一人だった。彼のおかげで会社は莫大な利益を上げることができた。
2「モデル」，3「先祖」，4「法律家」

(6) **訳** A：ビル，去年は成績があまりよくなかったね。今年はもっと勉強したほうがいいわよ。
B：分かったよ，母さん。がんばるよ。
2「高さ」，3「才能」，4「方法」

✎ といてわかる

(1) **1** (2) **2** (3) **4**
(4) **1** (5) **1** (6) **4**

解説

(1)訳　アサコは最近スペイン語を習い始めたばかりなので，書くときにスペルを間違えることがある。

2「損害」，3「バランス」，4「圧力」

(2)訳　ヘレンは昨日近くの洋服屋に行った。その店は特別なセールをやっていたので，安く服を手に入れることができた。

1「罠」，3「種類」，4「意見」

(3) we can't have any animals「動物を飼うことはできない」という内容から答えを考える。Can we ～?は「～していい?」，I'm afraidは「残念ながら」，not ～ any ...は「一人 [一つ] も…ない」という意味。

訳　A：お父さん，犬を飼ってもいい?

　　B：残念だけど，この部屋では動物は飼えないんだ。

1「トーナメント」，2「展示」，3「化学」

(4) bring a pencil「鉛筆を持ってくる」，to take notes「メモを取るために」という表現から，メモを取るのに必要な鉛筆以外のものを考える。just in caseは「念のため」という意味。

訳　A：明日のキャンパスツアーには，何を持って来たらいいと思う?

　　B：そうだなあ，念のためメモを取るための鉛筆と紙を持っていった方がいいでしょう。

2「マスク」，3「鏡」，4「滴」

(5)訳　トレーシーは特別な日にはいつもシルクでできたドレスを着ている。祖母が彼女のために作ってくれたと言っていた。

2「車輪」，3「態度」，4「裁判所」

(6)訳　A：大変だ，ここに停めておいた私の車が誰かに盗まれた!

　　B：すぐに警察を呼んだ方がいい。

1「幽霊」，2「パイロット」，3「作者」

P18～19　よく出る名詞�61～⑧0

といてわかる

(1) 2　(2) 3　(3) 1
(4) 1　(5) 2　(6) 2

解説

(1)訳　1日3食というのは比較的近代的な考え方で，1日1食にすべきと考える科学者がいることを知った。

1「皿」，3「警告」，4「時間」

(2) involving a bus「バスが絡む」，injured, and some very seriously「負傷し，中には重傷者もいた」という表現から答えを考える。

今朝早く，バスが絡む交通事故がありました。10人以上が負傷し，中には重傷者もいます。

1「閉鎖」，2「大きな塊」，4「修理」

(3)訳　A：上司が私に，仕事に満足しているか聞いてきたんだ。彼女は私が別の仕事を探していることに気づいているのかな。

　　B：その可能性はあるけど，彼女はそんなことで部下に嫌がらせをするような人じゃないよ。

2「顧客」，3「同僚」，4「親戚」

(4)訳　医師は，私の脳細胞が損傷していることを示すいくつかの症状が見られると言う。彼はどうすべきか判断するために，更に検査が必要だと言っている。

2「手術」，3「働き」，4「失敗」

(5)訳　顧客満足度調査を定期的に行うことは，何が満足と不満につながるかを明らかにするよい方法だ。よりよい製品やサービスを提供するのに役立つ。

1「雇用者」，3「習慣」，4「学生」

(6) should be armed「武装すべき」かどうかが議論されていることから答えを考える。security guardは「警備員」，heatedlyは「激しく」という意味。

訳　アンの学校では，最近の学校での銃乱射事件の後，警備員が武装すべきかどうかが熱く議論されている。

1「危険」，3「柵」，4「大きさ」。

P20～21　よく出る名詞⑧1～⑩0

といてわかる

(1) 3　(2) 1　(3) 4
(4) 4　(5) 2　(6) 4

解説

(1)訳　A：デイヴ，日焼け止めを塗って，帽子をかぶるのを忘れないでね。紫外線の浴びすぎは肌によくないからね。

　　B：面白いことに，昔は日焼けした肌は健康の象徴だったんだよ。

1「色」，2「放出」，4「写真」

(2) I don't remember the last time I wrote anything.「最後に書いたのはいつだったか覚えていない。」という内容からhandwriting「手書き」がどうなったのかを考える。Me, neither.は相手が言った否定の文に「私も～ない。」と同意する表現。

訳　A：手書きは過去のものになりつつあるのでしょうか?　最後に書いたのはいつだったか覚えていません。

B：私もそうです。クリスマスカードも出すのをやめました。「メリークリスマス」とメールするだけです。

2「流行」，3「年」，4「好奇心」

(3) casualtyは「大惨事，犠牲者」という意味。

訳　本日3時頃，大きな地震があった。今のところ，死傷者の報告はない。

1「その時に」，2「間に合って」，3「要するに」

(4) 訳　エミは初めてのヨーロッパ旅行をとても楽しんだが，日本への帰国便が遅れ，空港で4時間ほど待たされたときは，とても不安を感じた。

1「電車」，2「到着」，3「リムジンバス」

(5) 訳　トムはこのところよく眠れない。彼は新しい小説を書くのが予定より遅れていて，締め切りに間に合わないのではと心配している。

1「所定の場所に」，3「場違いな」，4「予定通りに」

(6) 訳　グレッグは子供の頃から科学に興味があったので，今はニューヨークの大学で化学を勉強する計画を立てている。

1「文学」，2「経済」，3「政治学」

 P22〜23 確認のテスト①

| (1) 3 | (2) 2 | (3) 1 | (4) 4 | (5) 4 | (6) 4 |
| (7) 3 | (8) 3 | (9) 1 | (10) 1 | (11) 2 | (12) 3 |

解説

(1) （　）の直後にはlanded「着陸した」があるので，3が入る。

訳　パイロットの技術はすばらしく，飛行機は嵐の中，安全に着陸した。彼は多くの乗客を救ったことで英雄になった。

1「バレエ」，2「周期」，4「ショッピングモール」

(2) 訳　その植物は多くの水を蓄え，砂漠でも生き抜くことができる。そこでは動物にとって貴重な水源となっている。

1「メイド」，3「期間」，4「象徴」

(3) impressiveは「印象的な，感動的な」という意味の形容詞。それをたずねられて「学園祭」だと答えているので，1の「出来事」が入る。

訳　A：学生生活の中で最も印象に残っている出来事は何でしたか。

B：ええと。やっぱり，学園祭でした。

2「現金」，3「道」，4「能力」

(4) 訳　その地域の気候はとても寒い。しかし，クマやシカなどの多くの動物がそこに住んでいる。

1「形」，2「形」，3「習慣」

(5) 訳　ジェームズのお気に入りのおもちゃは赤いミニカーだった。彼がそれを壊してしまうと，一日中泣いていた。彼の両親は誕生日に新しいものを与えた。

1「結論」，2「度」，3「俳優」

(6) gentle on the skin「肌に優しい」というフレーズで選択肢中の答えが分かる。

訳　その石けんは天然で，肌にとても優しく効果も高い。加えて，価格も手頃である。

1「報告」，2「シェフ」，3「入場料」

(7) 2文目の主語にHeが使われていることから，1文目ではその「彼」の説明がされているはずである。「ビルの〜」で「彼＝人」を表すのは3のみである。

訳　このビルのオーナーは，とてもお金に厳しい。彼はビルを修理するためでさえ，少々のお金を支払うことを嫌う。

1「ロビー」，2「意見」，4「うわさ」

(8) 訳　A：早朝に多くのカラスがいました。

B：スミスさんがごみを捨てるときに，また袋を緩くしばったのだと思います。

1「種」，2「うわさ」，4「圧力」

(9) 訳　A：昨日は何をしていたの？私はテレビを見て一日無駄にしちゃった。

B：僕も同じだよ。携帯電話でばかげたウェブサイトをただたくさん見て一日を無駄にしたよ。

2「裏庭」，3「探検」，4「電子レンジ」

(10) more and moreは「ますます，だんだん」を，out of businessは「廃業する，つぶれる」を意味する。Bの「いつでもどこでも映画を観ることができる」という発言から，それが映画館を指しているということが分かる。

訳　A：最近どんどん映画館がつぶれていますね。この不景気のせいだと思います。

B：私はインターネットの普及が主な原因だと思います。いつでもどこでも映画を観ることができます。

2「電報配達人」，3「食料品」，4「ロビー」

(11) 訳　A：12月の私の滞在のホテルの予約はしてくれた？

B：もちろんです。先週予約して，とてもすてきな部屋をあなたに取りましたよ。

1「提案」，3「航海」，4「冒険」

(12) being heldで「開かれている」という意味なので，motor fairsだと分かる。

訳　A：何事なの？大勢の人が駅にいるわ。

B：知らないの？今日あそこのスタジアムで国内有

数のモーターフェアが開かれているんだよ。
1「提案」，2「財布」，4「会場」

P26〜27 よく出る動詞①〜⑳

✎ といてわかる

(1) **4** (2) **2** (3) **3**
(4) **2** (5) **3** (6) **2**

解説

(1) 訳　A：やあ，ジェーン。その机を動かすのを手伝わせて。こんな重い机，一人だけでは動かせないよ。
　　　　B：ありがとう，ドン，ニック。恩に着るよ。
1「頼む」，2「注文する」，3「話す」

(2) decideは動名詞を目的語に取ることはできず，to不定詞を目的語に取る。したがって，〈decide＋to＋動詞の原形〉の形になっている**2**が答え。
訳　サリーは進学をあきらめかけていたが，先生の励ましのおかげで，ついに大学進学を決意した。
1「得ること」，2「到着すること」，4「始めること」

(3) 訳　ジムは慎重な人だ。例えば，毎朝家を出る前に，少なくとも2回はすべての持ち物が揃っているかどうかを確認する。
1「得ること」，2「到着すること」，4「始めること」

(4) 訳　マイクはリサを見送りたいと思い空港へ急いだが，車が渋滞に巻き込まれ間に合わなかった。
1「失敗した」，3「出席した」，4「起こった」

(5) run to 〜は「急いで〜に駆け寄る」と言う意味の表現。
訳　スミスさんは，赤ん坊の孫が一人で池の近くに行くのを見て悲鳴をあげた。彼女は全速力で駆け寄り，孫を止めた。
1「加えた」，2「手に取った」，4「突き刺した」

(6) 訳　A：ジュディスは今朝，私が彼女の誕生日をすっかり忘れていたから，怒っていたよ。
　　　　B：彼女のことは心配しないで。彼女はすぐに，あなたが最近忙しすぎるからだと理解してたよ。
1「受け入れる」，3「疑う」，4「信じる」

P28〜29 よく出る動詞㉑〜㊵

✎ といてわかる

(1) **2** (2) **2** (3) **3**
(4) **2** (5) **1** (6) **3**

解説

(1) suddenly sits down and refuses to walk「突然座り込んで歩こうとしない」犬を彼女がher arms「両腕」でどうするかを考える。refuseは「嫌がる」という意味の動詞。
訳　ビクトリアは毎朝，犬の散歩をしているが，帰り道，犬が突然座り込んで歩こうとしないことがある。そんな時，ビクトリアは犬を両腕で運ばなければならない。
1「〜を出る」，3「落ちる」，4「〜を送る」

(2) 訳　ニックの犬はヒーローだ。彼の家族を家の火事から救ったのだ。ニックの犬は，家族全員を起こすために吠え続け，全員が家から出るまで一緒にいた。
1「警告した」，3「続いた」，4「〜を押した」

(3) 訳　エミリーはいつも遅刻する。時間通りに決して来ない。さらに悪いことに，彼女は他の人を待たせていることを気にしていないようだ。
1「笑うこと」，2「興味を持つ」，4「驚かされる」

(4) 訳　車を発進させる前に，彼は首を左右に振って周りに近所の子供がいないことを確認した。
1「触れた」，3「うなずいた」，4「打った」

(5) 訳　ジムはスープを味見して，少し塩辛いと感じた。彼はスープに水を加えてもう一度味見した。
2「消した」，3「比べた」，4「〜させた」

(6) his eyes for a few minutes to rest them「目を休ませるために数分間両目を」どうしたのかを考える。for hoursは「何時間も」という意味。
訳　何時間もパソコンを見ていたデイブは，目を休ませるために数分間目をつむった。
1「開いた」，2「回った」，4「傷ついた」

P30〜31 よく出る動詞㊶〜㊿

✎ といてわかる

(1) **3** (2) **2** (3) **3**
(4) **1** (5) **1** (6) **3**

解説

(1) 訳　スペンサーは祖母に携帯電話を買ってあげた。彼女は携帯電話について何も知らないので，彼はその使い方をやさしく説明した。
1「手伝った」，2「置いた」，4「身につけた」

(2)「〜でいっぱいになる」という意味を表すのはfill with。covered withは「〜で覆われている」という意味。
訳　リサが到着した時，コンサート会場はすでに韓国のポップグループの最終公演を見ようとするファンで埋め尽くされていた。

(3) 訳　サッカーの代表チームでジムがプレーしていないことを知り，私たちはショックを受けた。彼ができないことを予想した人はそれほど多くなかった。

1「選んだ」，2「ふりをした」，4「リラックスした」

(4) 訳　ヘレンは，よほどひどい天候でない限り，電動自転車に乗って職場へ行く。雨や雪が降った時は，彼女は地下鉄を使う。

2「引く」，3「作る」，4「得る」

(5) 空所の後のthe top of Everest「エベレストの頂上」につながる語を考える。be moved by ～は「～に心を動かされた」という意味。

訳　ナオミは，エベレストの頂上に到達した最初の登山家たちのドキュメンタリーを見た。そして，登頂できなかった人たちの話にも心を動かされた。

2「成長した」，3「仕えた」，4「～を呼んだ」

(6) 訳　アニーは，自分が王様の遠い親戚であることに驚いた。最初にそれを聞いたときは，信じられなかった。

1「がっかりした」，2「保護した」，4「いらいらさせた」

P32～33 **よく出る動詞61〜80**

✏️ といてわかる

| (1) 3 | (2) 2 | (3) 1 |
| (4) 2 | (5) 1 | (6) 4 |

解説

(1) 訳　ジェイクの祖父が重い病気にかかったとき，彼は何とかして祖父を助けたいと思った。彼は何もできなかったが，そのことで医者になりたいと思うようになった。

1「気付いた」，2「欲しかった」，4「見つけた」

(2) 訳　リックは，ある法律事務所に職を得たとき，非常にうれしかった。彼はすぐにそれを受け入れた。

1「拒否した」，3「貸した」，4「嘘をついた」

(3) 訳　リンゼイは，大学を卒業したら地元に帰って教師になろうと思っていた。しかし，今は勉強を続けようと考えている。

2「増加する」，3「保護する」，4「狩りをする」

(4) Bの I'm not sure, but「よく分からないんだ，でも」に続く内容として適切なものを考える。upsetは「動揺して」，quarrelは「けんか」という意味。

訳　A：ビルはとても動揺しているようだね。なぜだか知ってる？

　　B：よくわからないけど，またスーとけんかしたんじゃないかな。

1「～を含める」，3「～を好む」，4「～だと感じる」

---

(5) 2文目のHe wants to work in a more friendly environment.「彼はもっと心地よい環境で働きたいと思っている。」からトニーがしようとしていることを考える。get on wellは「うまくやっていく」という意味。

訳　トニーは上司とうまくいっていないので，仕事を辞めようと思っている。彼はもっと心地よい環境で働きたいと思っている。

2「決心すること」，3「取ること」，4「保つこと」

(6) 訳　電車は空席がなく混んでいた。彼は自分の駅までずっと立っていなければならなかった。

1「創造する」，2「横たえる」，3「訓練する」

P34～35 **確認のテスト②**

| (1) 4 | (2) 4 | (3) 4 | (4) 3 | (5) 1 | (6) 3 |
| (7) 3 | (8) 3 | (9) 1 | (10) 2 | (11) 2 | (12) 3 |

解説

(1) ( )の直後にはa shopping mall「ショッピングモール」があるので，それを「建てる」計画があると言えば会話が成り立つ。

訳　A：デパートがつぶれてしまった。また大きな駐車場になったらつまらないね。

　　B：心配しないで。そこにはショッピングモールを建てる計画があるって聞いたよ。

1「同意する」，2「許す」，3「続ける」

(2) I'll buy you lunch.で「ランチ代をおごるよ」という意味。Let me ～で「私に～させて」という意味であり，自分が払うことを主張しているのだと解釈すれば自然な会話となる。

訳　A：ミカ，新しいレストランで昼食をとろうよ。おごるよ。

　　B：いいえ，ジャック。たまには私に払わせて。

1「説明する」，2「狙う」，3「波乗りをする」

(3) 訳　A：ねえ。手伝ってくれない？この机を窓のすぐ下に動かしたいの。

　　B：いいよ。僕一人でできるよ。

1「隠す」，2「支える」，3「戦う」

(4) 訳　ジェームズは常に世界中を旅することを計画していたが，仕事が忙しく夢を実現することなく人生を終えてしまった。

1「取り囲む」，2「ささやく」，4「形成する」

(5) 訳　A：どうしたの？何か困りごと？

　　B：うん。スマートフォンをなくしたみたいなんだ。ジャケットのポケットに入れたはず

なんだけどな。

2「雇った」，**3**「置いた」，**4**「描いた」

(6) not toとyour umbrellaの間に入って発言が自然になる単語は**3**の「忘れる」しかない。

訳　A：傘を忘れていないか確認してね。今は晴れているけど，天気予報ではすぐ雨になるって言っていたから。

　　B：ああ，本当？知らなかったよ。

1「覚える」，**2**「持ち上げる」，**4**「認める」

(7) 目的語にthe name of the restaurant「レストランの名前」があるので，それに合う動詞を置く。

訳　A：お店の名前は覚えているの？

　　B：もちろん。でも私，方向音痴なの。スマートフォンで位置を確認させて。

1「測る」，**2**「寄せ集める」，**4**「けがをさせる」

(8) 訳　A：君の辞書を借りてもいい？僕のは家に置いてきちゃったんだ。

　　B：どうぞ。私は電子辞書も持っているから，今日一日それを使っていていいよ。

1「破壊する」，**2**「重さを量る」，**4**「配達する」

(9) （　）の直後には数字が置かれているが，これはお客の数なので「測る」を意味するmeasuredは入らない。「招待した」という意味のinvitedを入れれば自然な会話となる。

訳　A：今日は何人のゲストがパーティーに来るの？

　　B：スミスさんは100人以上のお客を招待したと聞いたよ，あと友達も。

2「駐車させた」，**3**「測った」，**4**「描いた」

(10) **2**，**3**，**4**は同じ「焼く」の意味があるが，パンやケーキを焼くときにはbakeを使う。

訳　A：すごくいいにおい！

　　B：あなたはラッキーよ。このパンはオーブンから出したばかりの焼きたてのパンです。この機会を逃さないで。

1「凍った」，**3**「ローストした」，**4**「（肉や魚などを）焼いた」

(11) 訳　A：家族とテーブルを共有してもいいですか。4人なんですけど。

　　B：いいですよ。荷物を動かしますね。ちょっと待ってください。

1「魅了する」，**3**「信頼する」，**4**「言い争う」

(12) a major corporationは「大企業」の意味。as a resultで「結果的に」という意味なので，大企業に成長した理由が書かれているのだと分かる。

訳　常に社員に仕事を改善する方法を探させたことにより，会社は大企業に成長した。

1「罠にかける」，**2**「余裕がある」，**4**「ブラシをかける」

 P38～39　よく出る形容詞①～⑳

📝 **といてわかる**

(1) **4**　(2) **3**　(3) **4**
(4) **4**　(5) **4**　(6) **1**

解説

(1) 訳　アンドリューは英語とフランス語を話す。彼は他の言語，おそらくアジアの言語も学びたい。

1「少し」，**2**「他の」，**3**「どれでも」

(2) 訳　そのチケット売り場の店員は，私が買ったチケットが最後の1枚だと言った。私はラッキーだと思ったが，私のすぐ後ろの人に申し訳ない気もした。

1「後の」，**2**「次の」，**4**「前の」

(3) 空所の後のline「列，行列」を説明するのにふさわしいものを考える。

訳　ミラが新しいゲームを買おうと店に行くと，そこにはすでに長い列ができていた。何人くらいいるのだろう，とミラは思った。

1「小さな」，**2**「必要な」，**3**「親切な」

(4) 訳　A：隣町へのルートはこれしかないの？

　　B：別のルートもあるんだけど，道路状況があまりよくないんだ。

1「完全な」，**2**「他の」，**3**「異なった」

(5) 逆接のbut以下，there was almost nothing left on tables one hour after the party started「パーティー開始から1時間後には，テーブルの上にはほとんど何も残っていなかった」から，ジリアンが当初どのように予想していたのかを考える。

訳　ジリアンは，パーティーのための食べ物や飲み物は十分だと思っていた。しかし，パーティーが始まって1時間後にはテーブルの上にはほとんど何も残っていなかった。

1「まれな」，**2**「外国の」，**3**「健康的な」

(6) 訳　その女の赤ちゃんは，お気に入りのおもちゃが見つからずに泣き出してしまった。父親は他のおもちゃを与えたが，どのおもちゃでも彼女が泣き止むことはなかった。

2「否定的な」，**3**「付加的な」，**4**「神経質な」

✎ **といてわかる**

(1) **4**　(2) **3**　(3) **3**
(4) **4**　(5) **2**　(6) **3**

解説

(1) played tennis all afternoon「午後ずっとテニスをした」結果，どうなったのか考える。not lift a fingerは「何一つしない」という意味。
訳　ベスとミックは午後ずっとテニスをしていた。家に帰ると，とても疲れていて何一つしたくなかった。
1「活動的な」，**2**「前向きな」，**3**「正しい」

(2) **訳**　サムはこの女優をとても美しいと思うが，残念ながら彼女は演技ができない。彼女の仕事には美貌だけでは十分ではない。
1「おかしい」，**2**「才能のある」，**4**「面白い」

(3) **訳**　ロドニーはコンサートに行かなかった。彼は吹雪の中出かけるのは危険だと思った。
1「おいしい」，**2**「まじめな」，**4**「有名な」

(4)「何があったの？，どうしたの？」という問いかけを表す表現を考える。What's wrong (with ～)?は「どうしたの？」という頻出表現。in low spiritsは「落ち込んで」という意味。
訳　A：どうしたんですか？　今日は元気がないように見えるけど。
　　　B：何でもないよ。今朝，妻とけんかしたばかりなんだ。
1「下にある」，**2**「冷たい」，**3**「良くない」

(5) **訳**　健康でいるためには，十分な栄養と適度な運動が必要だ。
1「宗教的な」，**3**「ある地域の」，**4**「空腹の」

(6) **訳**　その歌手が5年ぶりにステージに登場すると，会場から温かい拍手が沸き起こった。
1「鋭い」，**2**「穏やかな」，**4**「強い」

✎ **といてわかる**

(1) **3**　(2) **3**　(3) **1**
(4) **3**　(5) **1**　(6) **4**

解説

(1) **訳**　どんなに忙しくても，彼女は毎日日記を書いている。

1「どこでも」，**2**「どちらでも」，**4**「誰でも」

(2) **訳**　この週末は雨で外出できなかった。その代わり，見たかったDVDを見ることができた。
1「最初は」，**2**「さらには」，**4**「総合的な」

(3) **訳**　その日，彼女はクリスと道で偶然出会い，3ヵ月後に結婚した。
2「同じ」，**3**「等しい」，**4**「後の」

(4) it seemed impossible「それは不可能に思えた」を説明するのに適切なものを考える。continuouslyは「切れ目なく」という意味。
訳　午前中は雨が降り続いていたので，この日の午後から試合を行うのはほとんど不可能に思えた。
1「驚くほど」，**2**「～と同様に」，**4**「やっと」

(5) **訳**　私が部屋を掃除していると，父から電話があった。
2「間中ずっと」，**3**「内側で」，**4**「～によって」

(6) school playは「学芸会」，Bの発言にあるplayは「劇」という意味の名詞。run throughには「リハーサル（通しげいこ）をする」という意味がある。誤答となるrun into ～，run acrossはどちらも「～に偶然会う」という意味。
訳　A：学芸会の準備はできた？
　　　B：ええ。明日劇のリハーサルをすれば問題ないでしょう。
1「～の上に」，**2**「～の中へ」，**3**「～を横切って」

(1) **4**　(2) **3**　(3) **4**　(4) **2**　(5) **3**　(6) **1**
(7) **1**　(8) **4**　(9) **1**　(10) **1**　(11) **2**　(12) **3**

解説

(1) **訳**　A：なぜ帽子をなくしたくらいでそんなに悲しんでいるの？
　　　B：あれは僕には特別なんだ。僕の誕生日に娘がくれたんだよ。
1「不在の」，**2**「利用できる」，**3**「持続する」

(2) richは「金持ちの」という意味の形容詞。tasteは「好み」という意味の名詞。「金持ちになったので趣向が変わった」と理解できれば，3の「高い」を選ぶことができる。
訳　A：彼は最近，高いものを身に着けているよね。
　　　B：彼，お金持ちになって好みが変わったのよ。
1「真面目な」，**2**「厚い」，**4**「率直な」

(3) How come?は「どうして？」という意味である。
訳　A：何で僕の自転車を使いたいの？去年買った自分の自転車があるじゃない。

B：私の自転車は昨夜盗まれちゃったんだ。

1「率直な」，2「繊細な」，3「基本的な」

(4) 訳　A：大勢の前でスピーチするのが怖いよ。

　　　　B：慣れなきゃ，それにあなたならできるわよ。

1「明らかな」，3「ばかげた」，4「正方形の」

(5) Althoughは「〜だけれども」という意味。ancientは「古い」，techniqueは「技術」という意味だから，その間に「伝統的な」を入れれば文意が通る。

訳　このビルは昨年建てられたものだが，古くからの伝統的な技術で建てられた。なので，時間と費用が多くかかった。

1「おびえた」，2「通常の」，4「2倍の」

(6) (　) の前後は，kind「優しい」と「質問しやすい」であることから考えて，当てはまる単語は1の「親切な」のみである。

訳　A：新しい学校は好き？

　　　B：うん。先生たちはみんな優しいし親切だよ，だからとても質問しやすいんだ。

2「有害な」，3「予備の」，4「不在の」

(7) 訳　A：あのレストランに一緒に食べに行かない？

　　　　B：できないよ。そんな高いレストランで食事する余分なお金はないよ。

2「一体となった」，3「とても小さい」，4「着色された」

(8) sooner or laterで「遅かれ早かれ」という意味。I'll be thereは「行く」ということなので，「どちらにしても行く」という解釈をすれば「とにかく」が入る。

訳　A：何時にパーティーに来るの？

　　　B：分からないよ。今日は仕事で忙しくなるんだ。とにかく，遅かれ早かれ行くよ。

1「明らかに」，2「広く」，3「屋外で」

(9) 訳　A：ママが戻ってくるまでに，僕たちは部屋を掃除するよう言われたことを覚えていた？

　　　　B：早くやっちゃおう！ママはもうすぐ戻ってくるよ。

2「外見上は」，3「特に」，4「率直に」

(10) Aのwith great speed「すごい速さで」と，Bのlike a spider「クモのようだ」という発話から，話の中心人物は簡単に壁を登っているのだということが理解できる。

訳　A：そのアスリートはすごい速さで簡単に壁を登ることができるね。

　　　B：彼はクモみたいだね。たくさんの練習が必要に違いない。

2「平等に」，3「苦労して」，4「最終的に」

(11) 訳　A：トムの試験がどうだったか知っている？

　　　　B：うん。彼はついに試験に受かって弁護士になったよ。

1「広く」，3「環境的に」，4「内密に」

(12) (　) の前後の文を読むと，反対のことを言っていることが分かる。逆接になる接続詞を選べば文意が通る。

訳　その芸術家は世界中で住むのに憧れの街を転々としたが，結局故郷が最も落ち着くと思った。

1「〜かどうか」，2「いつ〜しようとも」，4「どこへ〜しても」

P48〜49　よく出る熟語①〜⑯

📝 **といてわかる**

(1) 3　(2) 1　(3) 4
(4) 1　(5) 3　(6) 2

解説

(1) 訳　クマは厳しい冬を乗り切るために，たくさんの食べ物を食べる。

1「遠くに」，2「とても」，4「一度」

(2) 訳　ここは人が多すぎて，大事な話ができない。

2「同様に」，3「下に」，4「ちょうど」

(3) 文の前半「計画を変更する」と後半「天気が悪い」を適切につなぐものを考える。原因を説明し「〜の理由で」という意味を表すbecause ofが正解。

訳　悪天候のため，私たちは予定を変更した。

1「〜の前に」，2「〜の後に」，3「〜ではあるが」

(4) 訳　A：交渉が難航しており，考えがまとまらないよ。

　　　　B：もっとお互いに話し合おうよ。

2「十分な」，3「丁寧な」，4「詳しい」

(5) 2文目の空所以下で1文目の具体例を示している。よって，「実際に」という意味のin factが正解。entrance testは「入学試験」という意味。

訳　ソフィアは賢い子だ。実際，彼女は難関で有名な入学試験に合格している。

1「獲得する」，2「元気」，4「創作」

(6) 訳　彼女の振る舞いは，すべてのゲストを歓迎するようなものだった。

1「〜へ」，3「〜の中に」，4「〜のために」

P50〜51　よく出る熟語⑰〜㉜

📝 **といてわかる**

(1) 1　(2) 1　(3) 4
(4) 1　(5) 4　(6) 1

解説

(1) 訳　彼は今年，世界中で最も人気のあるアーティストだ。

2「遠く」，**3**「上へ」，**4**「前方へ」

(2) adoptedは「養子になった」という意味の形容詞。that my brother was adopted「私の兄［弟］が養子だったこと」をどうしたのかを考える。「～を見つけ出す，～を知る」という意味のfind out ～が正解。

訳　A：私の兄が養子であることがわかったんだ。
　　B：そうですか。でも，あなたたちの関係は変わらないんでしょう？

2「移動した」，**3**「解決した」，**4**「獲得した」

(3) 訳　A：断られる可能性が高くても，誘ってみるよ。
　　B：頑張ってね。どんなことがあっても応援してるよ。

1「可能性がある」，**2**「十分な」，**3**「ほとんど」

(4) 訳　私の母は若い頃，一人でニューヨークへ行ったことがある。飛行機が街に近づいたとき，彼女は窓の外を見た。何千ものビルがあり，それらは美しかったと彼女は言った。

2「数」，**3**「1人」，**4**「大いに」

(5) participate inもtake part inと同じ意味になる。

訳　明日の朝,営業会議がある。社長も参加する予定だ。

1「思いつく」，**2**「よりよく考える」，**3**「歩調を合わせる」

(6) 訳　ジャックは毎年冬休みになるとウィンザーホテルに行って泊まっている。しかし，今年はそのホテルが工事中で冬期は閉鎖されている。そこで，彼は別のホテルに予約を入れることにした。

2「取る」，**3**「見る」，**4**「与える」

P52～53 よく出る熟語㉝～㊽

📝 といてわかる

(1) 4	(2) 4	(3) 2
(4) 1	(5) 4	(6) 1

解説

(1) be made of ～も「～でできている」という意味だが，～には材料が入る。

訳　A：このワインは，山梨県産のブドウを使用している。
　　B：甘くておいしい。

1「～のために」，**2**「～の」，**3**「～の中に」

(2) 訳　高熱が出たので，医者から最低3日は安静にするように言われた。

1「短い」，**2**「好機」，**3**「確信して」

(3) get angry with ～は「～に腹を立てる」という意味。

訳　A：ああ，もう4時だ。
　　B：そうだよ，母さんが帰ってくる前に部屋を片付けた方がいいよ。母さんに怒られちゃうよ。

1「立つ」，**3**「～を押す」，**4**「～を得る」

(4) 訳　アリスは，お店で椅子が売られているのを見つけたが，どれも買わなかった。彼女は自分の部屋に合うとは思えなかった。

2「～を置く」，**3**「落ちる」，**4**「混ぜる」

(5) 訳　今日はデパートで買いすぎた。結局，重い荷物が多かったので，タクシーで帰ることにした。

1「時間」，**2**「一度」，**3**「利益」

(6) 訳　ご存じのように，地球上にはたくさんの国がある。ニュージーランドやチリは雨が多い国として知られている。一方，スーダンやロサンゼルスなどは，雨が少ないことで有名だ。

2「他の」，**3**「両方の」，**4**「それぞれの」

P54～55 確認のテスト④

❶ (1) result　(2) takes　(3) for　(4) down

❷ (1) I'll take part in the dancing competition.
　(2) I'm looking forward to talking with you.
　(3) The government tried to stop prices from rising.

❸ (1) We spent the afternoon playing tennis.
　(2) He asked me to help him with his homework.
　(3) More and more people want to have pets.
　(4) She has more than ten cousins.
　(5) I'm thinking about buying a new bicycle.

解説

❶ (1) 訳　悪天候のため試合は中止された。

(2) take care of ～で「～の世話をする，～を保護する」という意味。

訳　デイビッドは犬の世話をする。

(3) for freeで「無料で」という意味。

訳　私は無料でこのチケットを手に入れた。

(4) 訳　廃棄物を削減する多くの方法がある。

❷ (1) take part in ～で「～に参加する」という意味。

(2) look forward to -ingで「〜を楽しみにしている」という意味。

(3) 主語が「政府」で，「止める」という意味のstopは他動詞。目的語には,物価を意味する「prices」を置く。その直後に「上昇から」を意味するfrom risingを続ければよい。

❸ (1)「〜しながら」という文を書くには分詞構文を使う。2文で考えると，We spent the afternoon when we were playing tennis.となる。そこから接続詞を消し，主語も同じなので消すと，シンプルで分かりやすい文ができる。

(2) ask ... to 〜で「…に〜してくれるよう頼む」という表現ができ，help＋人＋with 〜で「人の〜を手伝う」という表現となる。この2つの表現を使えば文ができる。

(3) more and moreで「ますます多くの」という意味。

(5)「〜について考える」はthink about。aboutは前置詞なので,後ろに動詞を置きたい場合は動名詞にする。

P58〜59 先行詞のない関係代名詞，非制限用法

✎ といて わかる

(1) 4　(2) 2　(3) 4
(4) 1　(5) 2　(6) 4

解説

(1) 先行詞がSendaiなのでwhereを選びがちだが，関係詞節を確認すると不完全な文が続いている。また，空所の前にカンマが置かれていることから先行詞が物の非制限用法だということに気が付く。

訳　仙台に旅行に出かけました。そこは七夕で有名です。

(2) 訳　A：昨日ショッピングモールに行き，かっこいい洋服などをたくさん買いました。

　　　B：わあ，ぜひあなたの買ったものを見せてください。

(3)「毎年夏に訪れていた」という部分が先行詞に追加の説明を加えている。

訳　毎年夏に訪れていたタカシの祖父の家は近々売りに出されることになった。

(4) 先行詞はLukeと人なので，関係代名詞whoを置く。

訳　先週の土曜日にルークに会った。その時彼はとても心配そうだった。なぜか尋ねたが，彼は私に理由を話さなかった。

(5) Bの会話文のisの前が主語にあたる部分。Whatを置くことで「彼のしなければならないこと」となり，What自体に先行詞の働きを持たせることができる。

訳　A：アンディは具合が悪そうです。彼は風邪を引い

ていますが忙しいので一生懸命働いています。

　　　B：彼がするべきことは，ゆっくり休んで元気になることだと思います。

(6) 訳　マリナに旅行を中止にしたことを話し忘れてしまい，彼女をとても怒らせてしまった。

P60〜61 動名詞と不定詞の使い分け

✎ といて わかる

(1) 3　(2) 4　(3) 1
(4) 3　(5) 4　(6) 3

解説

(1) enjoyの後ろには動名詞しか置くことができない。

訳　娘が初めてニューヨークに先月引っ越した。彼女は初め孤独を感じていたが，今はそこに住むことを楽しんでいる。

(2) 訳　ビルは教職に就きたいので，図書館での仕事を辞めることを決めた。

(3) finishの後ろにはto不定詞を置くことはできない。finish -ingで「〜し終える」という意味。

訳　A：食べ終えたら自分の部屋を片付けなければダメよ，デイビッド。

　　　B：もうしたよ，ママ。

(4) enjoyの後ろにはto不定詞を置くことができない。forgetとstopは動名詞とto不定詞どちらも後ろに置くことができるが，内容の意味に合わない。

訳　私はまだ今年の夏に何をするか決めていないが，ジェイクはルーシーと音楽フェスティバルに行く計画をしていると言った。

(5) 訳　A：ねえ，今日は雨が降るから傘を持って行くのを忘れないでね。

　　　B：わかったわ，そうする。ありがとう。

(6) 訳　ゴルフのレッスンで彼を見たことを思い出したが，彼と話す機会がなかったので彼の名前は知らなかった。

P62〜63 関係副詞，複合関係詞

✎ といて わかる

(1) 3　(2) 4　(3) 2
(4) 2　(5) 2　(6) 3

解説

(1) 先行詞はplaceで場所なので，関係副詞はwhereを使う。

訳　私の町に新しいショッピングモールが建った。2階に子供たちが遊べる場所がある。

(2)訳　私の兄［弟］が医者になりたい理由は病気の人々を助けたいからだ。

(3)whenを入れることにより、「シンディーが26歳だった」が1988年を説明している。

訳　シンディーが26歳の1988年に、彼女は自分の食堂を運営し始めた。

(4)It's up to you.は「あなた次第です」という意味。

訳　A：私の誕生日に何をくれるつもりなの、お父さん？
　　B：お前次第だよ。お前が欲しいものは何でもあげるよ。

(5)空所の後ろの文は「英語の宿題で困る」「姉に助けを求める」なのでその2文をつなぐためには「～するときはいつでも」という意味のWheneverを入れると文意が通る。

訳　英語の宿題で困ったときはいつでも、姉に助けを求める。

(6)訳　アンジェラには小さな子どもがいるので、どこへ行くにも彼らを連れて行かなければならない。

P64～65 分詞構文

📝 といて わかる

(1)**1**　(2)**4**　(3)**3**
(4)**4**　(5)**3**　(6)**3**

解説

(1)（　）にwatchingを入れることで分詞構文の「～しながら（付帯状況）」の意味を表す。

訳　マキはコンピュータの画面を見ながら父に答えた。彼女は月曜日までにエッセーを終わらせなければならなかった。

(2)〈with＋主語＋分詞〉で「主語が～しながら」という意味の文章を組み立てることができる。

訳　A：あそこに腕を組んで立っている男の子は誰ですか？
　　B：彼はニックです。彼はぼくの友達のお兄さんです。

(3)Havingが理由を表す分詞となり、「～ので」という意味になる。

訳　やらなければならない宿題がたくさんあるので、マイクと釣りに行けなかった。彼は釣った魚の写真を送ってきた。

(4)Frankly speakingで「率直に言って」という意味。

訳　A：率直に言って、SDGsについてあまりよく分か

らないんだ。
　　B：心配しないで。それらについての何冊かの本とウェブサイトを見せてあげるよ。

(5)「迷子になる」を英語で表すときには、loseの過去分詞lostが使われる。

訳　町から遠く離れた寂しい場所で迷子になったジャックはどうしたらいいかわからなかった。彼はスマートフォンを見たが、圏外だった。

(6)訳　タナカさんは自分の名前が呼ばれるのを聞いたので、声のする方を向いた。それはよく彼に質問をしてくる生徒だった。

P66～67 仮定法①

📝 といて わかる

(1)**4**　(2)**2**　(3)**2**
(4)**4**　(5)**2**　(6)**4**

解説

(1)訳　A：もし車を持っていたら、駅まで送ってあげられるのに。
　　B：問題ないよ。大通りでタクシーをつかまえるから。

(2)〈I wish＋仮定法過去〉の形なのでthere are（～がいる）の過去形wereを入れる。

訳　A：どうしたのですか？あ、クモが嫌いなのですね？
　　B：クモだけじゃないです。世界に虫がいなければいいのに。

(3)If it were not for～, S'＋助動詞の過去形＋動詞の原形で、「もし～がなければ…なのに。」という意味。

訳　A：すごく暑い。最近どんどん暑くなってきているね。
　　B：そうだね。もしエアコンがなかったら、夜も眠れません。

(4)訳　A：スケート靴があれば、もっとうまくスケートできるんだけどな。残念ながら、修理中なんだ。
　　B：君は十分すごいよ。君がスケートしているのを見て本当に驚いているんだ。

(5)If I were youは「もし私があなただったら」という意味。

訳　A：ユキに悪いことをしたと思っています。どうしたらいいかなあ。
　　B：私があなただったら、謝りに行きます。

(6)カンマの後ろが〈助動詞の過去形＋動詞〉の原形になっているので、仮定法過去の文になるよう過去形を選ぶ。

訳　A：もし風邪を引かなかったら，あなたとコンサートに行くのに。

　　B：残念だよ。早くよくなることを祈っているよ。

P68～69 仮定法②

といてわかる

(1) 4　(2) 3　(3) 2
(4) 2　(5) 4　(6) 4

解説

(1) Aの「試験に失敗しただろう」とBの「いい点数が取れた」という会話から，「もし～だったら…だったのに」と過去の事実とは異なることを言っているのだと分かる。

訳　A：もしあなたの助けがなかったら，試験に失敗していました。

　　B：あなたがいい点数を取れて嬉しいです。本当に一生懸命勉強していましたもんね。

(2) 〈as if＋仮定法過去完了〉で「まるで～したかのように」という意味。

訳　彼女はニュースを聞いて驚いたが，まるで何事もなかったかのように話し始めた。

(3) 訳　彼がもし彼の姉が彼にあげた本を読まなかったら，彼は小説家にならなかっただろう。

(4) 訳　A：昨日のミーティングは3時間かかりました。もしビルがそこにいたら，怒っていたでしょうね。

　　B：おそらくね。彼はいつも忙しくて時間を無駄にできないからね。

(5) 〈I wish＋仮定法過去完了〉で「～だったらよかったのに」という意味。

訳　A：あなたが話していたミュージカルを観に行ったよ。素晴らしかった。

　　B：本当？一緒に行けたらよかったのに。一度観たけれど，もう一度観たいと思っているの。

(6) 訳　トムは最後の試合でMVPに選ばれた。彼がいなかったら，試合に負けていただろう。

P70～71 不定詞

といてわかる

(1) 2　(2) 1　(3) 2
(4) 1　(5) 4　(6) 3

解説

(1) 訳　A：私たちは今宿題をするべきかな？

　　B：今日は何かするには暑すぎるよ。プールに行こう！

(2) 〈ask＋O＋to不定詞〉で「Oに～するように頼む」という意味。

訳　キャシーは私に行列に並んで待つように頼んだ。少しした後，アイスクリームを持って戻って来た。

(3) Bの2文目でI saw ～と過去のことを話しているので，seemの後ろにはその時より過去のことが来る。

訳　A：サトシをサッカーチームに参加するよう誘おうと思っているんだ。

　　B：彼はテニス部に入ったようだよ。ラケットを運んでいるのを見たんだ。

(4) 訳　A：自転車どうしたの？

　　B：乗っているときに壁にぶつかっちゃったんだ。幸い，ケガはしなかったんだけど，自転車は修理が必要なんだ。

(5) It was very kind of youとme to your house partyをつなぐためには，「私を招待してくれて」という意味になるto inviteを選ぶ。

訳　A：ホームパーティーに招待してくれてどうもありがとう。

　　B：いいんだよ。どうぞご自由に楽しんでくださいね！

(6) 〈make＋O＋原形不定詞〉で「Oに～させる」という意味。

訳　A：息子をスイミングスクールに行かせたの。彼に安全に泳ぐことができるようになってほしくて。

　　B：なるほど。この辺りの子どもたちはよく川辺に行って遊んでいますもんね。

P72～73 助動詞

といてわかる

❶ (1) 1　(2) 2　(3) 3
❷ (1) 2　(2) 4　(3) 1

解説

❶(1) 訳　私たちのチケットは通常のもののようだ。特急列車に乗りたいなら別料金を支払わないといけないかもしれない。

(2) Could you ～？で「～していただけますか？」という丁寧な言い方。

訳　A：先日あなたが話していたレストランに連れて

行っていただけませんか。

B：いいですよ。今週の日曜日はどうですか。

(3) wouldを入れることにより，過去の習慣を表すことができる。

訳　小学生のとき，毎週末父と近くの川へ釣りに行ったものだ。

❷(1)「〜するつもりだ」という意味になるwouldを主語の後ろに置く。to start a businessは「起業するために」という意味。

英文　Tom said that one day he would go abroad to start a business, and succeed.

(2) 英文　She majored in American literature in college, so she must be able to read this Hemingway book.

(3) 英文　How can this article be true?

❶(1) cleaning　(2) to change
　(3) where　(4) smile

解説

❶(1) finishは後ろに動名詞しか置くことができない。finish＋-ingで「〜し終わる」という意味。

訳　ちょうど自分の部屋を掃除し終えたところだ。

(2) decideはto不定詞だけを目的語にとる動詞。

訳　計画を変えることに決めた。

(3) 先行詞がthe parkで場所であり，（　）の後ろには完全な文が続いているので関係副詞whereを選ぶ。

訳　あなたはあなたが私に初めて会った公園に私を連れて行ってくれた。

(4) makeのあとは動詞の原形になる。

訳　彼のこっけいな冗談で私は笑ってしまった。

❷(1) He forgot her birthday, which made her angry.
　(2) Whoever is interested in Japanese literature should read these books.
　(3) Feeling very tired, he didn't want to go to work.

解説

❷(1) 選択肢にカンマとwhichが入っていることから，関係代名詞の非制限用法だということが分かる。make＋名詞＋形容詞の形で，名詞を形容詞の状態にすると言うことができる。

(3) 分詞構文の文だということに気がつけば，「疲れていると感じている」＋，（カンマ）＋「彼は仕事に行きたくなかった」というように文章を区切って考えることができる。

❸(1) Do you believe what he said?
　(2) I wish they were members of our team.
　(3) She was talking as if she had lost everything.
　(4) We wanted him to trust us.
　(5) Her story may [might] not be true.

解説

❸(1)「彼が言ったこと」を英文にするには，先行詞のない代名詞の文を使い，what he saidとする。

(2)「〜だとよいのにと思う」ということは，事実とは異なることだと分かる。したがってwish＋仮定法過去を使用して文を組み立てる。

(3) as if＋仮定法過去完了で「まるで〜したかのように」という表現。

(5)「ないかもしれない」という推量のmay [might]を使って表現する。

P78〜79 勧誘・提案①（カジュアル）

✏ といて わかる

❶(1) 2　❷(1) 1　(2) 4

解説

❶(1) 会話と選択肢の意味は以下の通り。

A：ジム，学校の宿題はやったの？

B：まだだよ。まだ土曜日だよ。もう少ししたらやるよ。

A：先週も同じことを言って日曜の夜遅くに宿題をやったでしょ。もっとちゃんとした計画を立てた方がいいわよ。

B：そうだね。（先週のようにならないように）今からやるね。

1「先生はもっと多くの宿題を出すだろう」，3「あなたは私を助けることができる」，4「私は同じ間違いをします」

❷(1)(2) 会話と選択肢の意味は以下の通り。

A：今週末には何をする予定なの，ジェームズ？

B：（特にやることもない）から家で映画でも見ようと思っているよ。

A：たまには映画館で映画を見るのはどう？

B：いい考えだね。しばらく映画館に行ってないな。

A：私もよ。それじゃあ映画を見に行きましょう。

B：いいね。（今やっている）映画でお勧めのものはあるの？

A：特にないわ。インターネットで調べてみましょう。

B：そうだね。

(1) **2**「あなたの言っていることがわかる」，**3**「あなたの計画を知っている」，**4**「先週末に何をしたか覚えている」

(2) **1**「見たくない」，**2**「インターネットで見ることができる」，**3**「自宅で見ることができる」

P80～81 勧誘・提案②（フォーマル）

✎ といてわかる

❶ (1) 3　**❷** (1) 1　(2) 3

解説

❶ (1) 会話と選択肢の意味は以下の通り。

A：本日は遠いところお越しいただきありがとうございました。

B：とてもいい会議ができて嬉しいです。

A：私たちもそう思います。夕食をご一緒したいのですが。オフィスの近くにとてもいいレストランがあるんですよ。

B：それは（素晴らしいですね）。ぜひご一緒したいです。

1「より多くの努力を必要とする」，**2**「気持ち次第でどうにでもなる」，**4**「重要な予約だ」

❷ (1)(2) 会話と選択肢の意味は以下の通り。

A：いらっしゃいませ。

B：丈夫な傘を探しています。安い傘を買ってもよく壊れてしまうから。

A：なるほど。安い傘は簡単に壊れる細いフレームを使用しているので。こちらはいかがでしょうか。

B：丈夫そうに見えるけれど（持ち歩くのには重いに違いないわ）。開いてみてもいいですか。

A：いいですよ。どうぞ。実はフレームはとても軽いんです。

B：わあ，とても軽いわ。う～ん。（高い）に違いないわね。

A：そんなことありませんよ。今はたったの10ドルで売っています。

B：本当ですか。リーズナブルだわ。これをいただくわ。

(1) **2**「大雨を防ぐことができない」，**3**「売り切れました」，**4**「贈り物として良いだろう」

(2) **1**「また雨になりそうだ」，**2**「傘をどこかに置いた」，**4**「私はこれを買うべきだ」

P82～83 電話・道案内①（たずねる側）

✎ といてわかる

❶ (1) 2　**❷** (1) 2　(2) 4

解説

❶ (1) 会話と選択肢の意味は以下の通り。

A：こんにちは。アマンダ？ティムです。

B：あら，ティム。どうしたの？

A：会議室の電気を消すのを忘れちゃったんです。まだオフィスにいますか。

B：ええ，いるわ。明日の会議の準備をしなければならなくて，やることがもう少しあるのよ。（消して）おくわね。

1「ライトを修理する」，**3**「会議に出席する」，**4**「会議の準備をする」

❷ (1)(2) 会話と選択肢の意味は以下の通り。

A：すみません，お巡りさん。西博物館への道を教えてくれますか。

B：西博物館？それは隣町にありますよ。残念ながらここからは（とても時間がかかりますよ）。

A：ああ，そうなんですか。違う駅に降りてしまったに違いありません。

B：今なら，次の電車はあと1時間来ないので，あそこのバスに乗ったほうがいいですよ。あそこにあるバス停が見えますか。

A：はい。

B：それでは，3番のバス停から（バスに乗ってください）。

A：ありがとうございます。

B：気を付けて。

(1) **1**「バスで行くことができない」，**3**「行く手段がない」，**4**「いつも行き方を間違えてしまいます」

(2) **1**「駅までの道をたずねる」，**2**「バスから降りる」，**3**「博物館に電話する」

P84～85 電話・道案内②（たずねられた側）

✎ といてわかる

❶ (1) 4　**❷** (1) 3　(2) 2

解説

❶ (1) 会話と選択肢の意味は以下の通り。

A：もしもし。ケイトと話せますか。

B：彼女はまだ外出中です。お名前を伺ってもよろしいですか。

Ａ：私はトム・スミスで，ケイトのテニスのインストラクターです。次月のレッスンのスケジュールが変わるのでお電話しました。

Ｂ：お電話ありがとうございます。彼女が（帰って来た時に）あなたに電話させます。

1「試合終了時」，**2**「次のレッスンのとき」，**3**「彼女がそこに行くとき」

❷(1)(2) 会話と選択肢の意味は以下の通り。

Ａ：何かお困りですか。

Ｂ：ああ，ありがとう。迷ってしまったみたいで。グリーン公園はこの近くですか。

Ａ：はい，でもあなたは（違う方向に歩いている）ように思います。公園はこの通りのつきあたりの反対側にあります。

Ｂ：ああ！

Ａ：この通りを2ブロック行って，すると巨大な白い門が見えてきますよ。

Ｂ：ありがとう！しかし，なぜすごくたくさんの人々が公園とは違う方向へ歩いているのですか。

Ａ：この人々はあそこにあるスタジアムでのコンサートに行くのでしょう。

Ｂ：（スタジアムに行って）しまうところでした。

(1) **1**「このところ晴れている」，**2**「この地域に詳しい」，**4**「公園を歩くのが楽しい」

(2) **1**「人の流れに逆らって行く」，**3**「バスを乗り間違える」，**4**「切符を買い忘れる」

P86〜87 確認のテスト⑥

(1) **2** (2) **3** (3) **2**
(4) **1** (5) **3** (6) **2**

解説

(1) 会話と選択肢の意味は以下の通り。

Ａ：アン，何をしているの？

Ｂ：休憩中に宿題をやっているの。

Ａ：帰ってからやればいいじゃない。

Ｂ：普段はそうよ。放課後，ミカと買い物に行こうと思っているの。あなたも来ない？

1「時間があるときに」，**3**「帰る前に」，**4**「夏休み中に」

(2) 会話と選択肢の意味は以下の通り。

Ａ：もしもし。メイです。

Ｂ：あら，メイ。久々ね！どうしてた？

Ａ：元気よ，でも最近，仕事で忙しいの。仕事であなたの家の近くにいるの。会うことができるかなと思って。

Ｂ：いいね！ちょうど家に着いたところよ。来なよ！

1「私の贈り物が届いた」，**2**「あなたの住所が正しかった」，**4**「もっと早く戻ってくることができた」

(3) 会話と選択肢の意味は以下の通り。

Ａ：すみません，南公園にはどのように行きますか？

Ｂ：ごめんなさい。私もそのあたりは詳しくないんです。すぐそこの観光案内所に行ってきたところです。

Ａ：あ，気づきませんでした。では，あなたも旅行者なんですね。

Ｂ：はい。あなたがここでの訪問を楽しめますように。

1「この町で観光ガイドをしています」，**3**「あなたを待っていました」，**4**「昔からここに住んでいます」

(4) 会話と選択肢の意味は以下の通り。

Ａ：南ビーチホテルへのお電話ありがとうございます。

Ｂ：明日の夜に予約を取りたいんです。4人分の部屋は空いていますか。

Ａ：少々お待ちください…。今は繁忙期でして，残念ながら空室はございません。

Ｂ：残念です。でも，ありがとう。

2「明日はたぶん雨でしょう」，**3**「明日は折り返しのお電話ができません」，**4**「営業日は明日だけです」

(5)(6) 会話と選択肢の意味は以下の通り。

Ａ：ここはとても多くの種類の古本を扱っていますね。

Ｂ：ありがとうございます。多くのお客様がお探しの本を見つけることができます。

Ａ：すでに何冊か欲しい本を見つけました。

Ｂ：それをお聞きできて良かったです。

Ａ：出張中で，多くの本を持って帰るのは私には難しいです。

Ｂ：配達サービスをお使いになりませんか。

Ａ：ぜひそうしたいです。もっと本を選んできます。

Ｂ：ごゆっくりどうぞ。

(5) **1**「ページが欠けているもの」，**2**「他の店でも買える」，**4**「あなたが購入したい」

(6) **1**「あなたには難しい」，**3**「私たちには簡単」，**4**「あなた次第」

P92〜93 長文3AB 練習問題

✎ といて わかる

❶(1) **3** (2) **2**
❷(1) **4** (2) **2** (3) **1**

解説

❶(1) **1**「それはどこだったか」，**2**「それは誰だったか」，**3**「どちらが上手だったか」，**4**「いつやるか」

(2) **1**「カズヤのものとは違う」，**2**「カズヤのものと同じ」，

3「トレーナーになること」，**4**「野球のことではない」

（英文の意味）

「夢を変える」

カズヤはユウタと子どもの頃から仲良しだった。彼らは一緒に野球をするのが大好きだった。彼らは違う高校に進学し別々の野球チームに入った。カズヤはユウタと一緒にプロ野球選手になることを夢見ていたが，ユウタにそのことを言わなかった。中学生の頃までは，カズヤの方がユウタより野球が上手だった。しかし，その後どちらが上手かは判断が難しかった。

ある日，カズヤは練習中に膝を痛めた。医者からもう野球はできないと言われた。カズヤはとても落ち込み一晩中泣き続けた。カズヤはユウタに電話をし，野球をやめると彼に言った。ユウタも泣きながら自分の夢を語った。ユウタの夢はカズヤの夢と同じだった。カズヤは，同じ思いをしていたことを知り嬉しくなった。その後，彼は理学療法士になることを決意した。野球選手から，ユウタのパーソナルトレーナーへと，彼の夢を変えた。

❷ (1) **1**「食生活を改善する」，**2**「体重が増える」，**3**「ストレスを感じる」，**4**「運動になる」

(2) **1**「より長く生きる」，**2**「より早く死ぬ」，**3**「より速く動く」，**4**「より良い香りがする」

(3) **1**「個人」，**2**「ペットとしての犬」，**3**「野生動物」，**4**「精神衛生」

（英文の意味）

「犬が犯罪を防ぐ」

人間は長い間，犬とともに生活してきた。犬の起源はオオカミだと言われている。数匹のオオカミが人間から食べ物をもらい，人間と一緒に暮らすようになった。現在では，犬は人間の良きパートナーとして知られている。多くの人が知っているように，犬を飼うことは私たちの心身の健康に良いことだ。犬と触れ合うことでストレスが軽減され，外で犬の散歩をすることで運動になる。散歩は健康を維持する一番良い方法だ。

もしあなたに子供がいれば，犬を飼うことは良い学習教材になる。また，犬は私たちの心をより優しくしてくれる。子供と犬が互いに見つめ合うことで，子供は犬の愛情を感じることができ，簡単に怒らないことを学ぶ。さらに，犬の寿命は約15年。よって，普通は子供よりも先に死んでしまう。これは命の大切さを学ぶ良い機会になる。このような理由から，子供の頃に犬を飼っていた人は，その後の人生で罪を犯しにくい傾向がある。

犬を飼うことは，個人だけでなく，その人が住む地域にも良い影響を与える。最近の研究では，犬を飼っている人の数が多い地域は犯罪発生率が低いという結果が出ている。ある研究者は，「罪を犯そうとする人は，犬を見たり，ほえる声を聞いたりすると（犯罪を）やめるかも

しれない」と語っている。また，犬の散歩をする人は，道端で立ち止まり話をする。これは，街中に監視カメラがあるようなものだ。

P94〜95 長文4A　練習問題

✏ といてわかる

(1) **3**　(2) **4**　(3) **2**

解説

(1)「先週，リチャードは」に続く文を考える。

1「マリンスポーツをした。」

2「家族と一緒にキャンプに行った。」

3「川で泳ぐことを楽しんだ。」

4「ビーチで写真を撮った。」

(2) 質問は，「リチャードの父親はリチャードに何を提案したか？」という意味。

1「ジェームズにリチャードの大学生活について話すこと。」

2「ジェームズの家でジェームズに会うこと。」

3「2年後に帰国すること。」

4「ジェームズの家族とバーベキューをすること。」

(3) 質問は，「ジェームズは前回のメールでリチャードに何を伝えたか？」という意味。

1「2つの教科を勉強すること。」

2「専攻を変えること。」

3「2つの大学に行くこと。」

4「コンピューターでデザインをすること。」

（英文の意味）

送信者：リチャード・ジョーンズ

宛先：ジェームズ・ホワイト

日付：8月11日

件名：バーベキューパーティー

こんにちは，ジェームズ。

オーストラリアで元気にやっていますか？　送ってくれた写真を見ました。あなたは休みの間マリンスポーツを楽しんでいるようですね。私もいつかオーストラリアに行ったらやってみたいです。私も休みを楽しみました。先週は，友人たち数人と山へキャンプに行きました。キャンプ場の近くに川があったので，そこで泳ぐことができました。また，そこで釣りも楽しみました。

来月はアメリカに戻るんですよね？　最後に会ってから約2年ぶりですね。父から，あなたの家族と一緒にわが家の庭でバーベキューをしないかと提案されました。お母さんにはすでにお伝えし，了解をいただきました。当日は，車でバーベキューの食材を手に入れに行きましょう。ところで，前回のメールで，大学での専攻を変えると言っ

ていましたね。もう変えたのですか？　もしそうでないなら、コンピュータ科学とデザインの２つの学科を専攻するのはどうでしょうか？　あなたならどちらも勉強できると思います。大変ですが、将来役に立つでしょう。とにかく、もうすぐ会えるのを楽しみにしています。
あなたの親友，
リチャード

P96〜97 長文4B　練習問題

P96〜97

✎ といて わかる

(1) **3**　(2) **2**　(3) **1**　(4) **4**

解説

(1) ナツメグについての説明。
1 「世界中で「ナッツ」と呼ばれている」
2 「あらゆる料理に使われる」
3 「少し甘い香りがする」
4 「豆のような形をしている」
(2) 質問は，「なぜ，国々は戦争をしたのか？」という意味。
1 「黒コショウが欲しかったから。」
2 「ナツメグが貴重だったから。」
3 「ナツメグの値段が安かったから。」
4 「モルッカ諸島が訪れるのに人気のある場所だったから。」
(3) 出題文は，「ナツメグの木を育てるには，（　　　　　）ことが必要だ。」という意味。
1 「気温に注意を払う」
2 「天井の低い場所を確保する」
3 「ナツメグの木を熱帯地方に移動させる」
4 「実を収穫できるまで５年待つ」
(4) 質問は，「専門家はナツメグについて何と言っているか？」という意味。
1 「人間の心臓と胃を丈夫にする。」
2 「人が食べても副作用はない。」
3 「ナツメグを健康のために使うのは間違っている。」
4 「１日に５グラム以上摂取するのは危険だ。」

（英文の意味）
「ナツメグスパイス」
ナツメグは世界４大スパイスの一つだ。「ナツメグ」という言葉は，種の意味に近い「ナッツ」と，香水に使われるムスクのエキスである「メグ」に由来する。ナツメグは少し甘い香りを放ち，肉や魚の臭いを消すので，ハンバーグのような料理を作るときにナツメグを使う人もいる。その形はクルミに似ているが，使う前に粉末にする。ナツメグの原産地は，インドネシアのモルッカ諸島である。クローブやナツメグなどのスパイスは，当時この島でしか栽培されていなかった。だから今でも，モルッカ諸島を「スパイス諸島」と呼ぶ人がいる。ナツメグは黒コショウのように高価な香辛料として，長い間取り引きされ，そして，それを得るために争う国さえあった。1770年頃，フランス人がナツメグの苗をモルッカ諸島から持ち帰り，各地で栽培した。その後，ナツメグの値段は下がった。
ナツメグはナツメグの木からできる。ナツメグを育てるには，雄木と雌木の両方を植え，交配させる必要がある。ナツメグの木は高さ10メートル以上にもなり，植えてから７年で実を収穫できる。ナツメグは熱帯の植物なので，気温は15度以上を保つのが望ましい。
ナツメグは人体に良いと言われている。古代インドでは，人々はナツメグを健康のために使った。ナツメグにはたくさんのビタミンが含まれ，胃腸を良い調子に保つ。また，ナツメグは私たちをリラックスさせ，睡眠を助けたりもする。しかし，ナツメグは私たちの健康を害することもある。ナツメグを摂り過ぎると，めまいがしたり，呼吸が苦しくなったりすることもある。一部の専門家は，私たちは注意しすぎる必要はないが，１日に５グラム以上のナツメグを摂取するべきではないと言う。

P98〜99 ライティングの解き方

P98〜99

✎ といて わかる

解答例
I think so.
First, students can think about their future jobs. They can think about what kind of work they are suited for.
Second, they can learn the value of money. If they understand how hard it is to earn money, they will develop a proper understanding of money.
That is why I think they should work part-time.

解説

解答例の文の構成は，まず「自分の意見」を主張し，１つ目の「理由」と「具体例」を述べている。次に２つ目の「理由」とその「具合例」を述べ，改めて「再主張」を述べている。この構成で文章を書くことによって自分はどちらの意見なのかを分かりやすく説明することができる。I think so.は「そう思います。」という意味なので，筆者はアルバイトで働くことについて肯定的な立場

にいることを主張している。First「まず」とSecond「次に」によって段落を分け，直後に具体例を述べている。

述べ，その時間をほかのことに使えることを利点として挙げている。

 P100〜101 ライティングの文の組み立て方

✎ といてわかる

解答例
（YES）
I think so.
First, students can learn more than just school subjects. For example, they can learn the importance of teamwork through school club activities.
Second, students can learn how to use their limited time each day. They will learn skills for making good use of time.
That is why I think they should take part in school club activities.

（NO）
I don't think so.
First, school is not the only area of society. Students should also build relationships outside of school.
Second, club activities take up a lot of time. Students should use their time for reading or studying.
That is why I don't think they should take part in school club activities.

解説
　YESの立場もNOの立場も文の構成は同じ。まず自分はどちらの立場を取るのかを明確にし，その上で，「理由」を2つ，それぞれ「具体例」をつけて述べ，結論で再度自分の意見を表明する。
　解答例の肯定の立場では，チームワークの大切さを例にして勉強以外のことを学べることと，限られた時間を有効に使うスキルを身につけられることを例にして時間の使い方を学べることを良い点として挙げている。例を挙げる場合には，For example［instance］「例えば」を使うことができる。
　否定の立場では，まず，学校の外でもたくさんのことを学ぶことができると述べ，学校以外の場所でも人間関係を構築するべきだということを付け加えている。肯定の立場でも述べていた時間の使い方について，否定の立場では，多くの時間をクラブ活動は奪ってしまうことを

P102〜103 使える接続詞・フレーズ

✎ といてわかる

解答例
（YES）
I think so.
First, students won't need to buy a lot of clothes. Uniforms let them save money on clothing.
Second, they won't have to worry about what clothes to wear each day. It saves them time in choosing clothes and allows them to spend time on other things.
Therefore, I think it is good for students to wear school uniforms.

（NO）
I don't think so.
First, uniforms hide students' personalities. Wearing uniforms robs students of the chance to show their personalities.
Second, uniforms are not clean. They cannot be washed often, so they become very dirty with sweat and dust.
For these reasons, I don't think it is good for students to wear school uniforms.

解説
　解答例のYESの立場の意見としては，第一の理由にはお金の節約，第二の理由には時間の節約になることを述べている。どちらもsave「節約する」「省く」という意味の単語を使用して2つの理由を補強して示し，結論に達している。結論を述べる際にTherefore「それゆえに」を用いて改めて筆者の意見を述べている。
　NOの立場でも，FirstとSecondを用いて2つとも1文で簡潔に理由を述べている。それらの理由を補強する事実を各1文ずつ述べ，For these reasons「これらの理由で」とつなぎ言葉を用いて文章を締めくくっています。［rob＋人＋of＋もの］で「人からものを奪う」という意味です。

（ 解答例和訳 ）
（YES）
そう思います。

第一に，生徒は多くの服を買う必要がありません。制服は，生徒に服にかけるお金を節約させます。

第二に，毎日どの服を着るか悩む必要がありません。服を選ぶ時間の節約になり，ほかのことに時間を使うことができます。

そのため，生徒が学校の制服を着ることは良いことだと思います。

(NO)

そう思いません。

第一に，制服は生徒の個性を隠します。制服を着ることは，生徒から彼らの個性を見せる機会を奪います。

第二に，制服は清潔ではありません。制服は頻繁に洗われないため，汗やほこりでとても汚くなります。

これらの理由のため，生徒が学校の制服を着ることは良いことだとは思いません。

P104〜107 確認のテスト⑦

解答例

❶

(YES)

I think so.

First, electronic money makes paying for things easier. You don't have to look for coins when you pay.

Secondly, with electronic money, you can check your shopping history. By checking your shopping history, you are less likely to waste money.

Therefore, I think using electronic money is a good thing for me.

(NO)

I don't think so.

First, with electronic money, you don't have a sense of money. You don't have a sense of how much money you actually spent.

Secondly, electronic money is risky in times of disaster. If the electrical system fails, you can't buy things.

So, I don't think using electronic money is a good idea for me.

(YES)

そう思います。

第一に，電子マネーはものの支払いを簡単にします。支払う時に小銭を探す必要がありません。

第二に，電子マネーを使うと，買い物の履歴を確認することができます。買い物の履歴を確認することで，無駄遣いをする可能性が低くなります。

そのため，私は電子マネーを使うことは良いことだと思います。

(NO)

そう思いません。

第一に，電子マネーではお金の感覚がありません。自分が実際にいくら使ったかという感覚がありません。

第二に，電子マネーは災害時にリスクがあります。もし電気系統の故障があったら，ものを買うことができません。

ですから，私は電子マネーを使うことが良いことだとは思いません。

❷

(YES)

I think instant food is good for me.

First of all, it saves time. It is very helpful when you don't have time to cook.

Next, you can easily enjoy a variety of meals. There are many different kinds of instant food at reasonable prices.

For these reasons, I think instant food is good.

(NO)

I don't think so.

First, instant food does not provide the things needed to keep you healthy. Even if you eat a lot of instant food, you will become unhealthy.

Secondly, you cannot learn about the value of food from instant food. It is important to cook natural food by yourself.

Therefore, I don't think that instant food is good.

（解答例和訳）

(YES)

私にとってインスタント食品は良いと思います。

まず，時間を節約できます。料理をする時間がない時にとても役立ちます。

次に，さまざまな食事を手軽に楽しむことができます。手頃な値段で多くの種類のインスタント食品があります。

これらの理由から，インスタント食品は良いと思います。

(NO)
そう思いません。

第一に，インスタント食品は健康を維持するのに必要なものが得られません。インスタント食品をたくさん食べたとしても，不健康になります。

第二に，インスタント食品から食べ物の価値を学ぶことができません。自分自身で自然食を調理することが大切です。

それゆえに，インスタント食品が良いとは思いません。

❸

(YES)
I think so.
First, students can study with their smartphones. They can learn many things with their smartphones.
Second, smartphones help students stay safe. The GPS on their smartphones shows them where they are, and if they are in danger, they can call the police quickly.
For these reasons, I think having smartphones is good for students.

(NO)
I don't think so.
First, students waste a lot of time on their smartphones. They are concerned about SNS and messages from their friends all the time.
Second, smartphones put students at risk. Having a smartphone can connect students with dangerous people.
For these reasons, I don't think having smartphones is good for students.

〔 解答例和訳 〕

(YES)
そう思います。

第一に，生徒はスマートフォンを使って勉強することができます。彼らはスマートフォンを使って多くのことを学ぶことができます。

第二に，スマートフォンは生徒の安全を助けます。スマートフォンに搭載されたGPSは彼らがどこにいるかを示

し，もし危険にさらされた場合，すばやく警察に電話することができます。

これらの理由から，生徒にとってスマートフォンを持つことは良いことだと思います。

(NO)
そう思いません。

第一に，生徒はスマートフォンに多くの時間を浪費します。彼らはいつもSNSや友達からのメッセージを気にします。

第二に，スマートフォンは生徒を危険にさらします。スマートフォンを持つことは，生徒と危険な人々をつなぐ可能性があります。

これらの理由から，生徒にとってスマートフォンを持つことは良いことだとは思いません。

❹

I think having my own business is better for me.
First, you can make your own decisions about work. Your talents are directly linked to your earnings.
Secondly, having your own business makes you freer. You can work when your schedule allows you to work, when and where you want.
Therefore, I would prefer having my own business.

I think being a company employee is better for me.
First, the salary is steady. As long as you are employed, you will receive a salary.
Second, the company provides the work environment. For example, the company provides me with human resources, goods, and know-how.
For these reasons, I would prefer being a company employee.

〔 解答例和訳 〕

私は自営業の方が良いと思います。

第一に，仕事について自分の意見を通すことができます。自分の才能が直接，収入につながります。

第二に，自営業は，より自由になれます。仕事においてスケジュールが許す限り，好きな時に好きな場所で仕事をすることができます。

それゆえに，私は自営業の方が良いと思います。

私は会社員でいる方が良いと思います。

第一に，給料が安定しています。雇われている限り，給料を受け取ることができます。

第二に，会社は働く環境を与えてくれます。例えば，会社は人材や物品，ノウハウを提供してくれます。

これらの理由から，私は会社員でいることの方が良いと思います。

P110〜111 リスニング　第1部

📝 といてわかる

(1) 3　(2) 2　(3) 1
(4) 2　(5) 3　(6) 2

解説

(1) 流れる音声の意味は以下の通り。

A : Excuse me, flight attendant.
「すみません，客室乗務員さん。」

B : What can I do for you?
「何かご用でしょうか？」

A : It's a little cold here.
「少し寒いのですが。」

1　The weather in Tokyo now is snowy.「今の東京の天気は雪です。」

2　Which would you like, beef, chicken or fish?「ビーフ，チキン，フィッシュ，どれになさいますか？」

3　I'll bring a blanket and hot tea right away.「毛布と熱いお茶をお持ちします。」

(2) 流れる音声の意味は以下の通り。

A : It looks great on you, sir.
「とてもお似合いですよ，お客様。」

B : Thank you. I'll take it. How much is this?
「ありがとう。これをいただくよ。いくらですか？」

A : This is on sale and very affordable now. It's only 40 dollars.
「これはセールで今とてもお買い得です。たったの40ドルです。」

1　You can use this coupon from tomorrow.「明日からこのクーポンが使えますよ。」, 2　Do you accept credit cards here?「ここはクレジットカードが使えますか？」, 3　This is a little big for me.「これは私には少し大きいです。」

(3) 流れる音声の意味は以下の通り。

A : All look delicious. I can't decide what to eat.

「どれもおいしそう。何を食べようか迷っちゃうな。」

B : Would you like this cake? It has many strawberries and chocolates on it.
「このケーキはいかがですか？イチゴとチョコレートがたくさんのっています。」

A : I'm afraid that I don't like fruits very much.
「残念ながら，私はフルーツがあまり好きではないんだ。」

1　Well, I recommend this pie.「では，このパイをお薦めします。」, 2　Yes, this is a kind of fruits cake.「そう，これはフルーツケーキの一種なんです。」, 3　OK, I'll bring one more for you.「じゃあ，もう一つ持ってきますね。」

(4) 流れる音声の意味は以下の通り。

A : Hello. This is Daniel Charlton from ABC corporation. I'd like to speak with Ms. Brown.
「もしもし。ABC社のダニエル・チャールトンです。ブラウンさんとお話ししたいのですが。」

B : I'm sorry, Mr. Charlton. She is out right now.
「申し訳ありません，チャールトンさん。彼女は今外出中です。」

A : OK. Please tell her to call me back.
「わかりました。折り返し電話をくれるよう伝えてください。」

1　I'm afraid but you have the wrong number.「申し訳ありませんが，番号をお間違えです。」, 2　May I have your number please?「電話番号を教えていただけますか？」, 3　When will she come back here?「彼女はいつここに戻ってくるのでしょうか？」

(5) 流れる音声の意味は以下の通り。

A : Front desk.
「フロントです。」

B : My name is White in Room 302. I think this room has not been cleaned yet.
「302号室のホワイトです。この部屋はまだ掃除が終わっていないようなのですが。」

A : Oh, I apologize for that. We will be right away.
「ああ，それは失礼しました。すぐに伺います。」

1　I'd like to wash my clothes.「洗濯をしたいのですが。」, 2　Please tell me the way to the dry cleaner's.「クリーニング屋への道を教えてください。」, 3　I'm waiting for you.「お待ちしております。」

(6) 流れる音声の意味は以下の通り。

A : Hello, ABC Beauty Salon.

「もしもし，ABC美容室です。」

B : Hi, This is Mike Taylor. I'm sorry but I'd like to change the time of my appointment.

「こんにちは，マイク・テイラーです。申し訳ありませんが，予約の時間を変更したいのですが。」

A : Sure. I'm sure that your appointment is tomorrow. What time would you like?

「承知しました。予約は明日ですね。何時がよろしいですか？」

1 Color and Perm, please.「カラーとパーマでお願いします。」，2 At 3:00, please.「3時でお願いします。」，3 For about 30 minutes.「30分くらいです。」

P112～113 リスニング 第2部①

✎ といてわかる

(1) 2　(2) 3　(3) 1
(4) 4　(5) 4　(6) 1

解説

(1) 流れる音声と質問の意味は以下の通り。

A : Hi, Mary. Do you know that today's meeting is canceled?

「やあ，メアリー。今日の会議がキャンセルされたことを知ってる？」

B : Really? We worked so hard to prepare the documents for the meeting.

「本当ですか？会議のために一生懸命資料を準備したのに。」

A : I heard that Ms. Green has to take her daughter to the hospital.

「グリーンさんは娘さんを病院に連れて行かなければならないそうです。」

B : Oh, that's too bad. Well, let's check the documents and make them clearer today. By the way, why don't we have lunch?

「ああ，それはお気の毒に。じゃあ，今日のところは書類をチェックして，もっと分かりやすくしましょう。ところで，一緒に昼食でもどうですか？」

Question : Why is the meeting canceled?

「質問：なぜ会議は中止になるのか？」

1 Ms. Green couldn't prepare for the meeting.「グリーンさんは，会議の準備ができなかったから。」

2 Ms. Green's child got sick.「グリーンさんの子どもが病気になったから。」

3 Ms. Green missed to reserve a meeting room.「グリーンさんは，会議室を予約しそこなったから。」

4 Ms. Green went to have lunch.「グリーンさんは，昼食を食べに行ったから。」

(2) 流れる音声と質問の意味は以下の通り。

A : How was the math test today?

「今日の数学のテストはどうだった？」

B : I didn't do well at all. I'm not good at math. And I actually didn't study it last night.

「全然ダメだったよ。数学は苦手なんだ。それに，実は昨日の夜，勉強しなかったんだ。」

A : What were you doing?

「何をしていたの？」

B : I stayed up late watching movies. That was interesting, so I couldn't stop watching. I'm very sleepy now.

「夜遅くまで映画を観ていたんだ。面白かったから，ついつい観てしまったよ。今，とても眠いんだ。」

Question : What is one reason why the girl didn't do well in the test?

「質問：その女の子がテストでうまくいかなかった理由の一つは何か？」

1 She was very sleepy last night.「彼女は昨夜とても眠かった。」

2 She is good at math and didn't study it at all.「彼女は数学が得意で，全く勉強しなかった。」

3 She watched the movie last night.「彼女は昨夜，映画を観た。」

4 She stayed up late and went out.「彼女は遅くまで起きていて，出かけた。」

(3) 流れる音声と質問の意味は以下の通り。

A : Hi, my name is Wilson. I have a reservation for two at 6:00 today.

「こんにちは，ウィルソンと申します。本日6時に2名で予約をしています。」

B : Please wait a moment. We don't have an appointment for you today, Mr. Wilson.

「少々お待ちください。本日はウィルソン様のご予約がございません。」

A : Are you sure? I thought I made a reservation online last night.

「本当ですか？昨日の夜，オンラインで予約したはずですが。」

B：We only accept reservations for one day before by phone. If you would like to sit outside, I can show you to the table now.

「お電話でのご予約は前日までとさせていただいております。もし，外のお席をご希望でしたら，今すぐご案内いたします。」

Question：What is the Mr. Wilson's problem?

「質問：ウィルソン氏の問題は何か？」

1　He failed to reserve. 「彼は予約に失敗した。」

2　His computer was broken. 「彼のコンピューターが壊れた。」

3　He had a wrong number. 「彼は番号を間違えた。」

4　He sat outside all day long. 「彼は一日中外に座っていた。」

(4) 流れる音声と質問の意味は以下の通り。

A：Look, honey. Here are pictures of last month's trip to France.

「見て，あなた。これは先月のフランス旅行の写真よ。」

B：Wow, thanks. We enjoyed a lot of traditional foods and great concert.

「わあ，ありがとう。伝統的な料理と素晴らしいコンサートをたくさん楽しんだよね。」

A：Let's start planning next year's trip now!

「さっそく来年の旅行の計画を立てましょう！」

B：How about Australia? We can see animals and enjoy swimming in the sea there.

「オーストラリアはどう？動物も見られるし，海水浴も楽しめるよ。」

Question：What is one thing the man and woman did ?

「質問：その男女がしたことは何か？」

1　They made French dishes. 「フランス料理を作った。」

2　They saw animals. 「動物を見た。」

3　They enjoyed swimming. 「水泳を楽しんだ。」

4　They went to the concert. 「コンサートに行った。」

(5) 流れる音声と質問の意味は以下の通り。

A：Mom, I want to keep this dog. Is it OK?

「ママ，この犬を飼いたいんだけど，いいでしょ？」

B：No, Bob. Who's going to take care of him? You're busy with baseball club every day.

「だめよ，ボブ。誰が面倒を見るの？あなたは毎日，野球部で忙しいんだから。」

A：I do it. I will walk him and feed him every morning. I will keep my promise.

「僕がやるよ。毎朝ちゃんと散歩してえさもやる。約束は守るよ。」

B：OK. You found him and brought him here last night, so you have to take good care of him.

「分かったわ。あなたが昨日の夜，見つけてここへ連れてきたんだから，ちゃんと面倒を見てあげないとね。」

Question：What happened to Bob last night?

「質問：昨日の夜，ボブに何が起こったか？」

1　He walked a dog. 「彼は犬を散歩させた。」

2　He joined the club. 「彼はクラブに入った。」

3　He played baseball. 「彼は野球をした。」

4　He found a dog. 「彼は犬を見つけた。」

(6) 流れる音声と質問の意味は以下の通り。

A：Excuse me. I would like to go to ABC Museum, can you tell me how to get there?

「すみません。ABC博物館に行きたいのですが，行き方を教えていただけませんか？」

B：Sure, but it's late now and the museum is closed.

「もちろんです，でももう遅いので博物館は閉館しています。」

A：Are you sure? Then, is there a hotel around here?

「そうなんですか？では，この辺にホテルはありますか？」

B：There is one near the station. You can get there soon by bus.

「駅の近くにありますよ。バスですぐ行けますよ。」

Question：Why can't the man get to the museum?

「質問：なぜその男性は博物館に行けないのか？」

1　It is late. 「遅いから。」

2　The bus is delayed. 「バスが遅れているから。」

3　It is rainy. 「雨が降っているから。」

4　The hotel is closed. 「ホテルが閉まっているから。」

✎ といてわかる

(1) **4** (2) **1** (3) **4**
(4) **3** (5) **1** (6) **2**

解説

(1) 流れる音声と質問の意味は以下の通り。

A : Hello. I would like to make a reservation for lunch time next Wednesday.

「もしもし。来週水曜日のランチタイムの予約をしたいのですが。」

B : I am sorry. Actually, we are already fully booked for lunch this month.

「申し訳ございません。実は，今月のランチはすでに満席なんです。」

A : Really? Um, I heard there is a branch of the restaurant nearby. Can I make a reservation there?

「そうなんですか？あの，近くにこのお店の支店があると聞いたのですが。そちらで予約はできますか？」

B : Yes, it is just a minute walk away. I will go there right now and check it out.

「はい，徒歩1分のところにあります。今すぐ行って確認してみます。」

Question : What will the woman do next?

「質問：女性は次に何をするか？」

1「電話をかける。」，2「メニューを見る。」，3「本を買う。」，4「支店に行く。」

(2) 流れる音声と質問の意味は以下の通り。

A : According to the forecast, it will rain all day tomorrow. I think the baseball game will be cancelled.

「天気予報によると，明日は一日中雨だね。野球の試合は中止になりそうだね。」

B : I was looking forward to watching it. Shall we go to the library tomorrow in the morning?

「見るのを楽しみにしてたのに。明日の午前中，図書館に行こうか？」

A : That's fine, but why don't you come to my house? I bought a new video game.

「それもいいけど，僕の家に来ない？新しいテレビゲームを買ったんだ。」

B : Great! Then, I'll go to your house after lunch.

「いいね！じゃあ，お昼過ぎにあなたの家に行くよ。」

Question : What will the girl do tomorrow afternoon?

「質問：明日の午後，女の子は何をするか？」

1「テレビゲームをする。」，2「野球の試合を見る。」，3「図書館に行く。」，4「おばあちゃんに会いに行く。」

(3) 流れる音声と質問の意味は以下の通り。

A : Oops, I'm out of cellophane tape.

「おっと，セロハンテープが切れている。」

B : We need more copy paper, too. Do you want me to go to the stationery store and buy some?

「コピー用紙ももっと必要だね。文房具屋さんに行って買ってきましょうか？」

A : You can order them online. Oh, by the way, Mr. Black said he needed some red pens.

「ネットで注文できるよ。あ，そういえば，ブラックさんが赤ペンが欲しいって言ってたよ。」

B : So first, let's make a list of things to buy.

「ではまず，買うもののリストを作ろう。」

Question : What will the woman do first?

「質問：女性はまず何をするか？」

1「お店に行く。」，2「インターネットで商品を注文する。」，3「ブラックさんと話す。」，4「リストを作る。」

(4) 流れる音声と質問の意味は以下の通り。

A : I would like to buy these pants, but they are a little long for me. Can you fix it?

「このズボンを買いたいのですが，私には少し丈が長いです。直せますか？」

B : Certainly. Now, we are keeping many customers waiting, so it will take about two hours.

「かしこまりました。今，たくさんのお客様がお待ちですので，2時間くらいかかると思います。」

A : There is no place to wait here, right? I'll have a cup of coffee somewhere and wait for you.

「ここには待つ場所はないですよね？どこかでコーヒーでも飲んで待ちます。」

B : Thank you very much.

「ありがとうございます。」

Question : What is the woman going to do from now?

「質問：女性はこれからどうするか？」

1「並んで待つ。」，2「ズボンを直す。」，3「コーヒーを飲む。」，4「映画を見る。」

(5) 流れる音声と質問の意味は以下の通り。

25

A：Look, honey. This doll is very cute! I want to get it.

「見て，あなた。このお人形，とってもかわいいわね。欲しいな。」

B：Really? It's too big and heavy to carry around during the trip.

「本当に？旅行中に持ち歩くには大きすぎるし，重すぎるよ。」

A：Don't worry. We can ask for delivery at that counter.

「心配しないで。あのカウンターで配達を頼めばいいんだよ。」

B：Oh, good. Well, then we can buy a lot of souvenirs here. I'm going to buy this cup.

「なるほど。じゃあ，ここでたくさんおみやげを買おう。僕はこのカップを買おうかな。」

Question：What is the man probably going to do next?

「質問：この男性は次に何をするつもりだと推測されるか？」

1「カップを買う。」，**2**「手紙を出す。」，**3**「ホテルにチェックインする。」，**4**「誰かに道をたずねる。」

⑹流れる音声と質問の意味は以下の通り。

A：What's wrong, Sara? You look pale.

「どうしたの，サラ？顔色が悪いよ。」

B：Actually, I have a stomachache now. I'm thinking of taking a break from tennis practice.

「実は今，お腹が痛いの。テニスの練習を休もうと思ってるんだ。」

A：Oh! You should go home and take a rest. You studied English hard today, so you must be tired.

「ええ！帰って休んだ方がいいよ。今日は英語を一生懸命勉強したから，疲れたでしょう。」

B：Actually, I ate too much dinner last night. My brother made delicious noodle.

「実は昨日の夜，夕食を食べすぎたんだ。お兄ちゃんがおいしいラーメンを作ってくれたの。」

Question：What did Sara do last night?

「質問：サラは昨夜，何をしたか？」

1「英語を一生懸命勉強した。」，**2**「夕食にラーメンを食べた。」，**3**「薬を飲んだ。」，**4**「テニスの練習をした。」

✎ **といてわかる**

⑴ **3** ⑵ **1** ⑶ **2**
⑷ **3** ⑸ **4** ⑹ **4**

解説

⑴流れる音声と質問の意味は以下の通り。

A：You're late! I've been waiting for half an hour. The movie has already started.

「遅いよ。もう30分も待っているんだよ。映画はもう始まってしまっているよ。」

B：I'm sorry! What should we do? Shall we wait until the next one starts?

「ごめんなさい。どうしたらいいかな？次の映画が始まるまで待とうか？」

A：But we have to wait for 3 hours. Let's watch something else today.

「でも3時間も待たないといけないよ。今日は別のものを見よう。」

B：OK. How about this animation movie? It starts in 15 minutes.

「うん。このアニメーション映画はどう？あと15分で始まるよ。」

Question：What did they decide to do?

「質問：彼らは何をすることにしたのか？」

1「次の映画が始まるまで待つ。」，**2**「15分離れた別の映画館に移動する。」，**3**「別の映画を見る。」，**4**「3時まで買い物に行く。」

⑵流れる音声と質問の意味は以下の通り。

A：Why are you studying Japanese so hard?

「どうしてそんなに熱心に日本語を勉強しているの？」

B：I want to study abroad in Japan. In the future, I want to become a chef and open a Japanese restaurant in America.

「日本に留学したいんだ。将来はシェフになって，アメリカで日本食レストランを開きたいんだ。」

A：Great! Actually, I am interested in cooking, too. I want to learn how to make Italian food. Well, I will start studying Italian and cooking.

「すごいね。実は，私も料理に興味があるんだ。イタリア料理が作れるようになりたいんだ。それで，イタリア語と料理の勉強を始めるんだ。」

B：Good.

「いいね。」

Question : What does the woman decide to do?

「質問：その女性は何をすることにしたのか？」

1「イタリア語を勉強する。」, **2**「日本語を勉強する。」, **3**「レストランを開く。」, **4**「料理教室を開く。」

(3) 流れる音声と質問の意味は以下の通り。

A : Hello. This is the Information Center of ABC Shopping Mall.

「もしもし。こちらはABCショッピングモールのインフォメーションセンターです。」

B : Hello. I visited your restaurant yesterday and I seem to have forgotten my brown watch.

「もしもし。昨日そちらのレストランに行ったのですが, 茶色の時計を忘れてしまったようなんです。」

A : Your brown watch, yes, it has arrived. Can you come and pick it up?

「茶色の時計ですね, 届いていますよ。取りに来ていただけますか？」

B : Great, thank you! I am still at work in office near the station right now. It's a little far from there, so I'll stop by at about 9:00.

「よかった, ありがとうございます！今, まだ駅近くのオフィスで仕事中です。ちょっと遠いので, 9時くらいに寄りますね。」

Question : What is the man doing now?

「質問：その男性は今, 何をしているか？」

1「レストランで夕食をとっている。」, **2**「オフィスで仕事をしている。」, **3**「新しい時計を探している。」, **4**「電車に乗っている。」

(4) 流れる音声と質問の意味は以下の通り。

A : I've never used a smartphone before. Ben, can you teach me how to use it?

「スマートフォンは使ったことがないんだ。ベン, 使い方を教えてくれない？」

B : Sure, but I don't know much about it, either. And I'm cleaning my room right now. What are you doing now?

「もちろん。でも, 僕もよく知らないんだ。それに, 今部屋を掃除しているところなんだ。あなたは何をしているの？」

A : I'm practicing the piano now.

「ピアノの練習をしているよ。」

B : OK. Well, I'll teach you tomorrow morning, after breakfast.

「そうなんだ。じゃあ, 明日の朝, 朝食後に教えてあげるよ。」

Question : What is Ben doing now?

「質問：ベンは今, 何をしているか？」

1「ピアノの練習をしている。」, **2**「スマートフォンの使い方を教えている。」, **3**「部屋を掃除している。」, **4**「朝ご飯を作っている。」

(5) 流れる音声と質問の意味は以下の通り。

A : Excuse me, I am looking for the book "History of the Mystery Novel".

「すみません, 『推理小説の歴史』という本を探しているのですが。」

B : I'll check it out now. Oh, we don't have this book here, but you can find it in another library in the city.

「今調べてみます。あ, この本はここにはありませんが, 市内の別の図書館で見つけることができますよ。」

A : That's nice. Can you order it for me?

「それはよかった。取り寄せてもらえますか？」

B : Of course. Please wait a few days. When it arrives here, I will send you a message.

「もちろんです。数日お待ちください。届きましたら, メッセージを送ります。」

Question : How will the man let the woman know about the book?

「質問：男性はどうやって女性に本のことを知らせるか？」

1「手紙を出す。」, **2**「電話をかける。」, **3**「宅配便で送る。」, **4**「メッセージを送る。」

(6) 流れる音声と質問の意味は以下の通り。

A : Thanks for picking me up, honey.

「迎えに来てくれてありがとう, あなた。」

B : You're welcome. Now, it's time to take the bus. Let's hurry.

「どういたしまして。さて, そろそろバスに乗る時間だよ。急ごう。」

A : Hey, let's walk home tonight if you want. It's nice and clear today.

「ねえ, よかったら今夜は歩いて帰ろうよ。今日は晴れているし, いい天気だよ。」

B : That's a good idea. Well, let's stop by the supermarket on the way and get some foods for dinner.

「それはいい考えだね。じゃあ, 途中でスーパーに寄って, 夕飯のおかずを買おう。」

Question : How do they usually go home?

「質問：彼らはいつもどうやって家に帰るのか？」

1「電車で。」, **2**「自転車で。」, **3**「歩いて。」, **4**「バスで。」

✎ といてわかる

(1) **1**　(2) **2**　(3) **4**
(4) **3**　(5) **4**　(6) **1**

解説

(1) 流れる音声と質問の意味は以下の通り。

Hello, all students. As you know, there will be no regular classes for the next two weeks because of the test period. However, next Friday, there will be a special lecture by biologist Alfred Lee. Mr. Lee is well known for his book "Ancient Birds" and is a great bird researcher, so you may know about him. The venue is Auditorium 1.

「学生の皆さん、こんにちは。ご存じのように、これから2週間はテスト期間のため、通常の授業はありません。しかし、来週の金曜日には生物学者のアルフレッド・リー氏による特別講義があります。リー先生は『太古の鳥』という本で有名な方で、鳥の研究の大家ですので、ご存じの方もいらっしゃるでしょう。会場は第1講堂です。」

Question：Why is this announcement being made?

「質問：なぜこのような放送があるのか？」

1「有名な研究者が来るから。」、**2**「第1講堂ができるから。」、**3**「キャンパスでたくさんの種類の鳥を飼うことになったから。」、**4**「新しい本屋ができるから。」

(2) 流れる音声と質問の意味は以下の通り。

In a village in Spain, a festival called "El Colacho" is held every June from about 1620. In this festival, babies under one year old are put on mattresses and jumped over by a strangely dressed man. In fact, this man represents the devil. He is jumping in the hope that the babies will be protected from the devil and grow up healthy.

「スペインのある村では、1620年頃から毎年6月に『エル・コラーチョ』という祭りが行われている。この祭りでは、1歳未満の赤ん坊をマットレスの上に乗せ、奇妙な服を着た男に跳び越えられる。実はこの男は悪魔を表している。赤ちゃんが悪魔から守られ、健やかに育つようにとの願いを込めて跳んでいるのだ。」

Question：What is one thing we learn about the festival?

「質問：このお祭りについて、私たちが知っていることは何か？」

1「1歳未満の赤ちゃんは、悪魔の格好をする。」、**2**「このお祭りは300年以上続いている。」、**3**「このお祭りで人々は新年を祝う。」、**4**「子どもも大人も、健康のためにみんなで跳ぶ。」

(3) 流れる音声と質問の意味は以下の通り。

Koalas sleep about 18 to 20 hours a day, but there is an important reason for this. Koalas eat leaves called eucalyptus, which contain poison. Furthermore, it contains very little energy. To remove the poison from their bodies and survive with little energy, koalas need to sleep for a long time and save power.

「コアラの睡眠時間は1日約18〜20時間だが、これには重要な理由がある。コアラはユーカリという葉っぱを食べるのだが、この葉っぱには毒が含まれている。しかも、エネルギーがほとんど含まれていない。毒を体外に排出し、少ないエネルギーで生きていくために、コアラは長い時間寝て力を蓄える必要があるのだ。」

Question：How can koalas save power to survive?

「質問：コアラはどうやって生きるための力を蓄えているか？」

1「おいしい葉っぱをたくさん食べること。」、**2**「一日中、穴の中にいること。」、**3**「お風呂に入ってリラックスすること。」、**4**「長い時間眠ること。」

(4) 流れる音声と質問の意味は以下の通り。

Michelle is a nurse and works at a major hospital busily. On her short breaks, she always enjoys going to cafés, reading books, and relaxing at home alone. This summer, however, she went on a trip to France with her friends. One of her friends, who can speak French, helped her in various situations such as airports, hotels, and shopping.

「ミシェルは看護師で、大病院で忙しく働いている。短い休みには、カフェに行ったり、本を読んだり、家で一人でのんびりするのが日課だ。しかし、この夏、彼女は友人たちとフランスに旅行に出かけた。空港やホテル、ショッピングなどさまざまな場面で、フランス語のできる友人が彼女を助けてくれた。」

Question：How did Michelle spend this summer?

「質問：ミッシェルはこの夏をどのように過ごしたか？」

1「彼女はフランス語を一生懸命勉強した。」、**2**「彼女

はカフェで本を読み，のんびりした。」，3「彼女は友人たちと海外に行った。」，4「彼女は一人でフランスに旅行した。」

(5)流れる音声と質問の意味は以下の通り。

Rebecca has been playing tennis for about 10 years since she was an elementary school student. She wakes up early and practices by herself at the park, and participates in club activities after school. She is known as the strongest player in the school, but lately she has not been able to beat the other students. Rebecca plans to record her games and study how she can win.

「レベッカは小学生の頃から約10年間テニスを続けている。早起きして公園で一人で練習し，放課後は部活に参加する。学校で一番強い選手として知られているが，最近はほかの生徒たちに勝てない。レベッカは自分の試合を記録して，どうすれば勝てるか研究するつもりだ。」

Question：How will Rebecca study to win a tennis game?

「質問：レベッカはテニスの試合で勝つために，どのように研究するのか？」

1「テニスについての本を読む。」，2「毎日早朝に一人で練習する。」，3「身体のしくみを研究する。」，4「自分の試合を見る。」

(6)流れる音声と質問の意味は以下の通り。

Jim moved from a big city to a small village last month. He was quiet and had never talked with anyone in class before, but was surprised that everyone in his new place was cheerful and tried to talk to him. Now he has many friends. After school, he enjoys fishing in the river and exploring by bike.

「ジムは先月，大都会から小さな村に引っ越した。それまで彼は無口でクラスでも誰とも話したことがなかったが，新しい土地では誰もが明るく，彼に話しかけようとすることに驚いた。今，彼にはたくさんの友達がいる。放課後は川で釣りをしたり，自転車で散策したりして楽しんでいる。」

Question：Why was Jim surprised?

「質問：なぜジムは驚いたのか？」

1「村の人たちが彼に話しかけようとしたから。」，2「小さな村はとても新しくてきれいだったから。」，3「友達の一人が釣りが上手だったから。」，4「小さな村には自転車屋がなかったから。」

✏ といてわかる

(1) 3　(2) 2　(3) 1
(4) 4　(5) 4　(6) 1

解説

(1)流れる音声と質問の意味は以下の通り。

Amy goes to a performing arts school and takes acting and singing lessons three times a week. The other day, her teacher told her to study dance in order to perform well. Amy wants to be a good actress and act in movies someday, so she joined the dance club in high school to practice it. She is slowly getting better at dancing now.

「エイミーは舞台芸術の学校に通っており，週に3回，演技と歌のレッスンを受けている。先日，先生から「いい演技をするために，ダンスを勉強しなさい」と言われた。エイミーはいつかいい女優になって映画に出演したいと思い，高校ではダンスクラブに入り練習している。彼女は今，少しずつダンスがうまくなってきている。」

Question：What does Amy want to do in the future?

「質問：エイミーは将来何をしたいか？」

1「たくさん歌を歌う。」，2「ダンスコンテストで優勝する。」，3「映画に出演する。」，4「良い先生になる。」

(2)流れる音声と質問の意味は以下の通り。

Julia's grandfather lives alone in her neighborhood and enjoys working in the fields. He grows delicious tomatoes and cucumbers, and sometimes gives them to Julia. Last week, however, he fell and hurt his leg. In order to help him, Julia decided to stop by about three times a week after school and do the shopping at the supermarket for him instead.

「ジュリアの祖父は近所に一人で住んでおり，畑仕事を楽しんでいる。おいしいトマトやキュウリを育て，時々ジュリアにくれる。ところが先週，祖父が転んで足をけがしてしまった。祖父を助けるため，ジュリアは週に3回ほど，学校の帰りに立ち寄り，祖父の代わりにスーパーマーケットに買い物に行くことにした。」

Question：What did Julia decide to do to help her grandfather?

「質問：ジュリアは祖父を助けるために何をすることに

したのか？」

1「畑で野菜を作る。」，**2**「スーパーマーケットで買い物をする。」，**3**「週に3回夕食を作る。」，**4**「祖父を病院に連れて行く。」

⑶ 流れる音声と質問の意味は以下の通り。

This spring, Leo became a university student and started living alone for the first time. He enjoyed many parties with new friends, but found that he had spent a lot of money. So he made his own lunch yesterday and brought it to the university to save money. He had never cooked much before, but he thought that cooking was interesting.

「この春から大学生になったレオは，初めての一人暮らしを始めた。新しい友人たちと頻繁にパーティーを楽しんだが，気がつくとお金をたくさん使ってしまっていた。そこで彼は昨日，節約のために自分で昼食を作り，大学に持っていった。彼は今まであまり料理をしたことがなかったが，料理は面白いと思った。」

Question：What did Leo do yesterday?

「質問：レオは昨日何をしたか？」

1「彼は昼食を作って大学に持って行った。」，**2**「彼は初めて一人で新生活を始めた。」，**3**「彼は友達とパーティーをした。」，**4**「彼はお金を稼ぐためにアルバイトをした。」

⑷ 流れる音声と質問の意味は以下の通り。

Max got a smartphone when he was in junior high school and has carried it with him at all times ever since. Last week, he dropped it and broke it accidentally. He had to spend time without his smartphone for a week until it was repaired, but he had no trouble. Instead of playing games and watching videos on his smartphone, he spent his time reading books and chatting with his family.

「マックスは中学生の時にスマートフォンを手に入れ，それ以来，常に持ち歩いている。先週，彼はそれを誤って落として壊してしまった。修理されるまでの1週間，スマートフォンなしで過ごさなければならなかったが，彼は何の問題も感じなかった。スマートフォンでゲームをしたり動画を見たりする代わりに，本を読んだり，家族とおしゃべりをしたりして過ごした。」

Question：What happened to Max last week?

「質問：先週，マックスに何があったのか？」

1「彼は新しいスマートフォンをなくした。」，**2**「彼の家族が事故にあった。」，**3**「彼はスマートフォンで好きな本を見つけた。」，**4**「彼のスマートフォンが壊れた。」

⑸ 流れる音声と質問の意味は以下の通り。

Ryan has not been feeling well these days. He gets tired soon when he has PE class at school, and he falls asleep soon and can't study when he gets home. Ryan's parents are worried about him and decide to run in the park with him every morning. His parents are busy with work but do care much about their son's healthy life.

「ライアンはこのところ体調が良くない。学校で体育の授業があってもすぐに疲れてしまい，家に帰ってもすぐに寝てしまって勉強ができない。そんなライアンを心配した両親は，毎朝公園で彼とランニングをすることにした。彼の両親は仕事で忙しいが，息子の健康的な生活には気を遣っている。」

Question：What will Ryan's parents do for him?

「質問：ライアンの両親は，ライアンのために何をするのか？」

1「毎日，毎食を作る。」，**2**「一生懸命働いてお金を稼ぐ。」，**3**「ライアンのために寝心地のいいベッドを用意する。」，**4**「ライアンと一緒に運動する。」

⑹ 流れる音声と質問の意味は以下の通り。

Susan loves reading. Recently, she went to the book signing event of her favorite novelist. The novelist told her that he studied music, art, and many other things to please his many readers. Susan was moved to hear that and felt like writing a novel, too. Now, she is working on a plan for what kind of story she will create.

「スーザンは読書が大好きだ。最近，彼女は大好きな小説家のサイン会に行った。その小説家は，多くの読者を喜ばせるために，音楽，美術など，さまざまなことを勉強していると話してくれた。それを聞いて感動したスーザンは，自分も小説を書きたくなった。今，彼女はどんな物語を作ろうか計画を練っているところだ。」

Question：What is Susan probably going to do?

「質問：スーザンは何をすると推測できるか？」

1「自分の小説を書く。」，**2**「ほかの町へ引っ越す。」，**3**「音楽や芸術を勉強する。」，**4**「良い本屋をたくさん探す。」

❶ (1) 3　(2) 1　(3) 2　(4) 1
❷ (1) 2　(2) 1　(3) 4　(4) 3
❸ (1) 1　(2) 2　(3) 4　(4) 3　(5) 1　(6) 3

解説

❶ (1) 流れる音声の意味は以下の通り。

A：Hi, Mary! I'm on my way to the Christmas market in the park near the school. What's up?

「やあ，メアリー！学校の近くの公園で開催されるクリスマスマーケットに行く途中なんだ。どうしたの？」

B：I wanted to play tennis with you, but that sounds better than tennis.

「あなたとテニスをしたかったんだけど，テニスよりそっちの方が良さそうだね。」

A：Come with me.

「一緒に行こうよ。」

1　I'm looking forward to playing tennis with you.「あなたとテニスをするのが楽しみだわ。」

2　I'll take my dog for a walk.「私は犬を散歩に連れて行くの。」

3　I'll be there in 10 minutes.「10分後に行くね。」

(2) 流れる音声と質問の意味は以下の通り。

A：Hi. Can you gift-wrap this?

「こんにちは，これをギフト用に包装してもらえますか？」

B：Sure. Just a bag and a ribbon are free, and a gift box is 15 cents.

「もちろんです。袋とリボンだけなら無料ですし，ギフトボックスは15セントです。」

A：Okay, the second one, please.

「じゃあ，後者の方でお願いします。」

1　Certainly. That's 30 dollars and 15 cents in total.「かしこまりました。合計で30ドルと15セントです。」

2　No problem. Which ribbon would you like, blue and pink?「問題ありません。リボンは青とピンク，どちらがいいですか？」

3　It's okay. Things happen. Don't worry.「大丈夫です。いろいろなことが起こるものです。心配しないで。」

(3) 流れる音声の意味は以下の通り。

A：Guess what? My boss has given me a display to do at the shop where I work.

「何だと思う？上司が私の働いているお店のディスプレイを私に任せてくれたんだ。」

B：That's good. You have been wanting to do that, right?

「それはいい。ずっとやりたかったんでしょう？」

A：Yes! I'm excited about it.

「そうなの！楽しみだわ。」

1　Can you buy a lot of colored paper and a big ribbon?「色紙をたくさんと大きなリボンを1つ買ってきてくれる？」

2　Have you decided how you will decorate it?「どんなふうに飾るか決めた？」

3　I quit my job because my boss gives me lots of work.「仕事を辞めたのは，上司がたくさん仕事をやらせるからだ。」

(4) 流れる音声の意味は以下の通り。

A：Dad! Andy is teasing me again! Scold him!

「お父さん！アンディがまた私をからかってる！叱ってよ。」

B：Andy, be kind to your sister. Lily is almost crying again.

「アンディ，お姉ちゃんに優しくしてあげて。リリーはまた泣きそうになっているよ。」

A：I won't cry. I just want to talk back to Andy! I'm angry.

「泣かないよ。ただ，アンディに言い返したいだけなの！怒ってるんだ。」

1　Don't fight, you two. Get along with each other.「けんかしないで，2人とも。仲良くしてね。」

2　I'm happy to hear that you forgive him.「あなたが彼を許すと聞いて，私はうれしいよ。」

3　You are a smart girl, and I'm glad.「あなたは賢い子だから，うれしいよ。」

❷ (1) 流れる音声と質問の意味は以下の通り。

A：Hi, Jack. Will you play in the golf competition this weekend?

「こんにちは，ジャック。今週末のゴルフコンペに出ますか？」

B：I will, Jessica. I'm not good at golf, so I'm nervous. How about you?

「出るよ，ジェシカ。ゴルフは得意じゃないから，緊張する。あなたは出るの？」

A：I won't, but my husband Bob will. Don't be nervous. Our boss will win, anyway.

「私は出ないけど，夫のボブは出るわ。緊張しないで。どうせ私たちの上司が勝つんだから。」

B：I don't know if that's true. He might not participate.

「それはどうかな。彼は参加しないかもしれないよ。」

Question：Who won't participate in the golf competition?

「質問：ゴルフコンペに参加しないのは誰か？」

1「ジャック。」, 2「ジェシカ。」, 3「ボブ。」, 4「彼らの上司。」

(2) 流れる音声と質問の意味は以下の通り。

A：Hello. Daniel's Fun Radio. What's your problem?

「こんにちは。ダニエルのファンラジオです。あなたのお悩みは何ですか？」

B：Hi, I'm Grace. There is someone I like at my school, but I don't know how to talk with him.

「こんにちは, 私はグレースです。私の学校に好きな人がいるんだけど, どうやって話せばいいか分からなくて。」

A：Thank you for your call, Grace. You should break out of your shell and you say just hello to him first. Don't be shy!

「グレースさん, お電話ありがとうございます。まずは自分の殻を破って, 彼にあいさつしてみたら？恥ずかしがらないで！」

B：Okay, I will.

「わかりました, やってみます。」

Question：Why did the girl call the radio show?

「質問：なぜその女の子はラジオ番組に電話をしたのか？」

1「好きな人のことを聞くため。」, 2「DJを自分のホームパーティーに招待するため。」, 3「ラジオ番組に何回電話がかかってきたか聞くため。」, 4「ダニエルに文化祭のDJをお願いするため。」

(3) 流れる音声と質問の意味は以下の通り。

A：What do you usually do after school, Michael? I usually do my homework.

「マイケル, 放課後はいつも何をしてるの？私はいつもは宿題をしてるんだ。」

B：I play with my pet dog Alex. I always feed him before supper.

「ペットの犬のアレックスと遊んでるよ。夕飯の前に必ず餌をやるんだ。」

A：Isn't that hard for you? That sounds hard to me.

「それは大変じゃないの？私には大変に思えるけど。」

B：Of course not. Alex is my best friend, and part of my family.

「そんなことないよ。アレックスは僕の親友であり, 家族の一員だからね。」

Question：What does Michael do after school?

「質問：マイケルは放課後, 何をするか？」

1「夕食の前に宿題をする。」, 2「弟のアレックスと遊ぶ。」, 3「アレックスという名前の犬と一緒に夕食を食べる。」, 4「夕食の前にペットに餌をやる。」

(4) 流れる音声と質問の意味は以下の通り。

A：Look out the window, Fiona.

「窓の外を見てごらん, フィオナ。」

B：Wow, there's snow. How beautiful! Some dogs are having fun in the snow.

「わあ, 雪が降っている。なんてきれいなんだろう！雪の中で楽しんでいる犬もいるね。」

A：Do you want to take a short walk before the woods are covered with snow?

「森が雪で覆われる前に, ちょっと散歩してみる？」

B：That sounds good. I'll wear a warm coat.

「いいわね。暖かいコートを着ていくよ。」

Question：What do they feel after seeing the snow?

「質問：雪を見た後, 彼らは何を感じるか？」

1「犬のほえる声にイライラしている。」, 2「森に探検に行きたがっている。」, 3「雪を見るのを楽しんでいるようだ。」, 4「新しい洋服を着るのを楽しみにしている。」

❸ (1) 流れる音声と質問の意味は以下の通り。

Jane had been looking forward to going to Mike's birthday party, but she couldn't because she caught the flu and was in the hospital. After a couple of days, Mike came to the hospital when she was starting to feel better. She was surprised to see him, but was able to say belated happy birthday in person. He gave her flowers, and they seemed happy.

「ジェーンはマイクの誕生日会に行くことを楽しみにしていたが, インフルエンザにかかって入院していたため, 行くことができなかった。数日後, 体調が良くなってきたところにマイクが病院にやってきた。彼女は彼を見て驚いたが, 遅ればせながら誕生日のお祝いを直接言うことができた。マイクは彼女に花を贈り, 二人は幸せそうだった。」

Question：Why didn't Jane go to Mike's birthday party?

「質問：なぜジェーンはマイクの誕生日会に行かなかっ

たか？」

1「彼女は病気になって入院した。」, 2「彼女が花を買っている間にパーティーは終わってしまった。」, 3「彼女の家族がインフルエンザにかかったので，彼女は病院へ行った。」, 4「彼らはパーティーの後に会う予定だった。」

(2) 流れる音声と質問の意味は以下の通り。

Welcome to the job-hunting lecture for students. What do you think is the most important thing to do to get a job? It's insisting on your opinions. It doesn't matter whether the opinion is right or wrong. Job interviewers check whether you think things through for yourself or not. What do you have to do in order to do that? One thing I recommend is reading newspapers.

「学生のための就職活動講座にようこそ。就職するために一番大切なことは何だと思いますか？それは，自分の意見を主張することです。その意見が正しいか間違っているかは関係ありません。面接官は，物事を自分でしっかり考えているかどうかをチェックしています。そのためにはどうしたらいいのでしょうか？一つは，新聞を読むことをお勧めします。」

Question：What does the speaker say is important for getting a job?

「質問：話者は就職するために大切なことは何だと言っているか？」

1「人の話を聞くこと。」, 2「物事に対して自分の考えを持つこと。」, 3「リーダーの意見に賛成すること。」, 4「本をたくさん読むこと。」

(3) 流れる音声と質問の意味は以下の通り。

David lives in a school dormitory. In the dormitory, there are a lot of rules. For example, people who live in the dormitory have to be back there by 8:00 p.m. and can't hold big parties. However, they can use the cafeteria for parties if they give a week's notice. They also aren't allowed to keep pets.

「デイビッドは学校の寮に住んでいる。寮にはいろいろな規則がある。例えば，寮に住んでいる人は夜8時までに帰らなければならないし，大きなパーティーを開くこともできない。ただし，1週間前までに連絡すれば，カフェテリアを使ってパーティーをすることができる。また，ペットの飼育も禁止されている。」

Question：What is David not allowed to do at the dormitory?

「質問：デイビッドが寮でやってはいけないことは何

か？」

1「7時に寮を出る。」, 2「パーティーをする。」, 3「部屋を掃除する。」, 4「ペットを飼う。」

(4) 流れる音声と質問の意味は以下の通り。

Sophia was rushing to an airport. The reason was that her flight left at 2:00 p.m. and it was then 1:00 p.m. She was on the train at that time and worrying about whether she would be there in time. She arrived at airport at 2:15 p.m. after all. She was disappointed. However, the flight was delayed because it was windy. The plane took off at 3:00 p.m. when the weather was better, so she made it.

「ソフィアは空港に急いでいた。午後2時に出発するフライトでそのとき午後1時だったからだ。その頃，彼女は電車に乗っていて，間に合うかどうか心配していた。結局，空港に着いたのは午後2時15分だった。彼女は落ち込んだ。しかし，風が強いので，飛行機は遅れた。午後3時，天気が良くなってから飛び立ったので，彼女は間に合った。」

Question：Why was Sophia able to catch her flight?

「質問：なぜ，ソフィアは飛行機に乗れたのか？」

1「彼女は時間通りに空港に到着した。」, 2「鉄道会社は彼女に振り替えの切符を渡した。」, 3「航空会社は天候が安全になるまで飛ぶのを待っていた。」, 4「航空会社は彼女が到着するのを待っていた。」

(5) 流れる音声と質問の意味は以下の通り。

In Germany in Europe, there was born a famous sweet called Baumkuchen. The reason for the name is that the annual ring of a tree and the cut edge of a Baumkuchen look similar. It is made mostly from dough made of eggs, butter, and rum liquor. In Japan, it was called pyramid cake when it was first eaten there, at the time of the First World War.

「ヨーロッパのドイツで，バウムクーヘンという銘菓は誕生した。木の年輪とバウムクーヘンの切り口が似ていることが名前の由来だ。卵，バター，ラム酒で作った生地が主原料である。日本では，第一次世界大戦の頃に初めて食べられるようになり，当時はピラミッドケーキと呼ばれていた。」

Question：When did Baumkuchen start to be eaten in Japan?

「質問：日本でバウムクーヘンが食べられるようになっ

たのはいつか？」

1「第一次世界大戦中。」，2「毎年行われる特別なイベントの間。」，3「森の真ん中で。」，4「エジプトから持ち込まれてきたとき。」

(6) 流れる音声と質問の意味は以下の通り。

Nina went to a shopping mall to buy a gift for her friend Misa. Nina had decided to buy gloves. There was a sales demonstration for a waffle maker when she arrived at the entrance of the mall. The sales clerk spoke very well about the product. Nina was affected by the talk. She bought a waffle maker as the gift, after all.

「ニーナは友達のミサにプレゼントを買うためにショッピングモールに行った。手袋を買おうと思っていた。ショッピングモールの入り口に着くと，ワッフルメーカーの実演販売が行われていた。店員はその商品についてとてもよく話していた。ニナは，その話に影響された。結局，ワッフルメーカーをプレゼントとして買った。」

Question：Why did Nina change her mind?

「質問：なぜニーナは心変わりしたのか？」

1「かわいい手袋がなかった。」，2「ワッフルを一口食べておいしかった。」，3「店員が完璧に商品を宣伝した。」，4「ミサはワッフルメーカーを選んだ。」

 P124〜139 模 擬 試 験

❶ (1) 2　(2) 4　(3) 4　(4) 3　(5) 1
　(6) 1　(7) 2　(8) 1　(9) 4　(10) 4
　(11) 2　(12) 4　(13) 1　(14) 3　(15) 4
　(16) 1　(17) 2　(18) 2　(19) 4　(20) 1

解説

❶(1) 訳　「この物語の登場人物のように私たちの生活を大きく変化させるにはとても勇気がいる。」

1「表面」，3「韻」，4「空気」

(2) 訳　A：最近，この仕事に向いてないって思うの。
　　　　B：完璧に向いている仕事というのはないと思うよ。僕たちは仕事に対して前向きになるべきなんだ。

1「便利な」，2「効果的な」，3「退屈な」

(3) 訳　「僕たちの会社は世界中の最新のインターネット技術の展覧会を主催する。」

1「消費する」，2「禁止する」，3「爆発する」

(4) 訳　「実績に欠点が見つかることを避ける手段を取ることが重要だ。」

1「震える」，2「設立する」，4「逃げる」

(5) 訳　「なぜあなたが彼女をとても悲しませるようなことを言ったのか理解できない。その理由を教えていただけますか。」

2「うそ」，3「数字」，4「行動」

(6) As I mentioned earlierで「先に述べたように」という意味を表すフレーズ。ビジネスの場面でよく使われる。

訳　「先ほども申し上げましたが，御社はネットワークの全面的なリニューアルを計画すべきです。」

2「失敗した」，3「経験した」，4「延期した」

(7) 訳　「『私たちの村は今月ハリケーンによって甚大な被害を受けた。復旧には時間がかかる』と彼は悲しそうに言った。」

1「楽しげに」，3「普段は」，4「残念ながら」

(8) 訳　「私の授業に出席したいのならばこれらの論文と本を読んで理解することが必要だ。」

2「遅らせる」，3「招待する」，4「守る」

(9) make a decisionで「決断を下す」という意味。

訳　A：何のクラブに参加するべきかまだ悩んでいるんだ。
　　　　B：もうほとんど時間がないよ。最終的な決断を明日の朝までに下すべきだよ。

1「発見」，2「規則」，3「誤り」

(10) 訳　A：やあ。ジャックから食事に行くのに誘われたって聞いてるよ。彼が君を好きだってこと知らなかったな。
　　　　B：それは定かじゃないわ。彼，先月はキャシーとも何度かデートしているもの。

1「恐れて」，2「安全な」，3「穏やかな」

(11) 訳　「ジョーダンさんは私が最も尊敬する人の一人だ。私たちが何かに失敗したとしても，彼は決して誰かのせいにしない。」

1「〜と仲良くする」，3「〜と連絡を取り合う」，4「〜に追いつく」

(12) 訳　「モナはたった今ここを出発した。彼女は歩いて図書館に行くと言っていたので，そこへ走っていけば途中で彼女に追いつける。」

1「〜と仲良くする」，2「〜に耐える」，3「〜と連絡を取り合う」

(13) 訳　「厳しい両親のもとで育ったので，食事中はなるべく音を立てないようにしている。」

2「苦しむ」，3「来る」，4「始まる」

(14) go well withで「〜と合っている［似合っている］」という意味。

訳　A：この靴どう思う？一目で気に入って，すぐに買ったの。

B：かっこいいね！今日の服装にもよく合っている
　よ。

1「持って来る」，2「作る」，4「設定する」

⒂ 訳　「観光客は無料で遊園地に入れますが，彼らは中で結局，食べ物，飲み物，おみやげなどのようなものにたくさんのお金を使ってしまいます。」

1「容易に」，2「よくても」，3「故意に」

⒃ rely on で「～に頼る」という意味。

訳　「私たちのチームはフレッドに頼りすぎている。彼が出場できなかった試合にはほとんど勝っていない。」

2「～の中に」，3「～から」，4「～と一緒に」

⒄ 訳　「テレビの天気予報によると，強い台風が近づいているそうだ。予報通りこちらに向かってきたら，明後日の町内祭りは延期にしなければならない。」

1「～に変わる」，3「埋め合わせをする」，4「進み続ける」

⒅ 訳　A：はるばるお越しいただきありがとうございます。コーヒーか紅茶はいかがですか？
　　　　B：ありがとう，でもどちらも飲む気分じゃないんだ。水をもらえますか？

1「一つ」，3「どちらの～も～でない」，4「両方」

⒆ 訳　「私たちは今晩サンフランシスコ国際空港に到着し，そこでロジャーズさんが私たちを拾ってくれる。」

1「どの」，2「その」，3「いつ」

⒇ 訳　A：いつか日本の京都を訪れたいわ。そこにいつ行くべきだと思う？
　　　　B：絶対に秋だよ！そこでの紅葉は，一度は見る価値があるよ。

2「見るために」，3「見られている」，4「見られる」

❷ (21) 2　(22) 1　(23) 4　(24) 1　(25) 3

解説

❷ (21) 会話と選択肢の意味は以下の通り。

A：メイソン市立図書館です。ご用件は何でしょうか。

B：今日本を返さないといけません，ですが閉まる前に行けないと思うのです。

A：問題ありません，お客様。正門のすぐ外に本の返却ボックスがあります。そこに本を入れることができますよ。

B：それはよかった。お助けいただきありがとうございました。

1「図書カードをなくしてしまったんです」，3「本を借りたいのです」，4「先ほどそこに傘を置いてきてしまいました」

(22) 会話と選択肢の意味は以下の通り。

A：やあ，キャリー。その大きなため息はどうしたんだ

い？

B：こんにちは，トム。私の家族が私のために誕生日のサプライズパーティーを計画しているの，昨年の悲劇にかかわらず。

A：何が問題だったの？

B：父親がドアの後ろから飛びだしてきたとき，父の顔を殴ってしまったの。

2「私がたまたま知ってしまったとはいえ」，3「私はサプライズパーティーが嫌いなのに」，4「私の20歳の誕生日をお祝いするために」

(23) 会話と選択肢の意味は以下の通り。

A：こんにちは，ケン。今度の日曜日の朝，私の犬の散歩をお願いできないかしら？

B：いいですよ，テイラーさん。普段，何時に散歩に連れて行きますか？

A：ええと，あなたは何時に起きる？

B：7時頃に起きます，でももっと早くても僕は大丈夫ですよ。犬はルーティンが必要だと聞くので。

1「何と呼びますか」，2「普段どのくらい散歩させていますか」，3「普段どこへ連れて行きますか」

(24)(25) 会話と選択肢の意味は以下の通り。

A：お父さん，今日，自転車を貸してくれない？パンクしちゃったの。

B：いいよ。修理店に自転車を持っていこうか？

A：ありがとう。実はタイヤを自分で修理することを考えているの。

B：いいアイデアだと思うよ，でもどうやるのか知っているの？

A：ネットでやり方を紹介しているビデオクリップをいくつか見たから，試してみたいの。

B：タイヤ修理用の接着剤と補修材は必要ないの？

A：必要よ，だけどお父さんの道具箱で見つけたわ。

B：何度かそれをやったことがあるのを思い出したよ。

(24) 2「お店に引き取りを頼むこと」，3「新しい自転車を買うこと」，4「これからはスクールバスを使うこと」

(25) 1「オンラインでそれらを買えるわ」，2「それらがなくてもできると思うわ」，4「お父さんがどうやるのか私に教えてくれるのでしょう」

❸ A (26) 1　(27) 4

解説

❸ A (26) 選択肢の意味は以下の通り。

2「道路にはたくさんの小さな段差がある」，3「多くの歩道は十分な広さがない」，4「十分な歩道がない」

(27) 選択肢の意味は以下の通り。

1「彼の意見を表現する」，2「家の外に出る」，3「見

知らぬ人に親切にする」

（英文の意味）

「見知らぬ人の親切」

　ナオトは足をけがしているので，今は車いすを使っています。彼はそれを使い始めてから二つのことを学びました。一つは，車いすを使わない人がほとんど気付かないような道路でのささいな問題です。一つの例はほとんどの道路の表面はあまり平らではないことです。道路の両側は中央より低いので，歩道のない道路で車いすを押して真っすぐ前に進むには余分な力が必要となります。

　もう一つは，彼が予想していたよりも見知らぬ人たちがとても親切なことです。彼は，人々は一般的に優しいと信じていますが，見知らぬ人を助けた，もしくは助けられた経験があまりありませんでした。彼はそれが受け入れられるのか分からない時，手を差し伸べることは難しいと感じています。しかし，人通りの多い道を進む時，人々はさりげなく道をあけてナオトの車いすが通れるようにしてくれます。彼はいつか見知らぬ人たちに親切のお返しができることを望んでいます。

❸B (28) 4　(29) 2　(30) 3

解説

❸B (28) 選択肢の意味は以下の通り。
1「覚えていない」，**2**「他のものと共通している」，**3**「それが安全だと私たちに思わせる」
(29) 選択肢の意味は以下の通り。
1「キリスト教の信仰を清める」，**3**「古い習慣を取り換える」，**4**「古い習慣を尊重する」
(30) 選択肢の意味は以下の通り。
1「古い信仰に対するキリスト教」，**2**「現代的な生活に対する伝統的な生活」，**4**「無宗教に対する宗教」

（英文の意味）

「サンタ・マリア・デ・リバルテメ祭」

　世界中には多くのユニークな祭りがありますが，7月にスペイン・ガリシアで行われるサンタ・マリア・デ・リバルテメ祭もその一つと言っていいでしょう。それの何がユニークなのかと言うと，祭りでは，道を通って棺おけが運ばれてきますが，それらの棺おけに横たわっているのは死体ではなく，前年に臨死体験を切り抜けた，生きている人の体なのです。この祭りは，そのような人々が神様と守護聖人サンタ・マリアに生きていることを感謝する機会なのです。

　この祭りがいつ始まったかは定かではありませんが，はるか12世紀までさかのぼるという説もあります。その頃，その地域にキリスト教を普及するために，カトリック教会は地元の人々が行っていた習慣や信仰をキリスト

教の儀式に取り入れました。それ以来，田舎の地域の伝統的な慣行は，世界中からの観光客を魅了する国際的に有名な祭りへと発展したのです。

　棺おけのパレードでは，本当の葬式のように黒色の服を身にまとった親戚や友人によって，死にかけた人々の棺おけが運ばれます。バンドは悲しい音楽を奏でながら棺おけの後を付いていきます。しかしながら，雰囲気は明るいのです。生演奏やフリーマーケットがあったり，地元の農家がワインや野菜などの生産物を売ったりしています。パレードの後には，地元の人々と観光客は町中の屋外キッチンに行って郷土料理や地元の白ワインを楽しみます。この祭りは死に対する生の勝利の象徴なのかもしれません。

❹A (31) 2　(32) 1　(33) 4

解説

❹A (31) 出題文は，「2年前，ブライアンは」という意味。
1「アヤの家族とニセコを訪れた」
2「パウダースノーを経験した」
3「スキーとスノーボードのやり方を学んだ」
4「アヤとハイキングに行く計画を立てた」
(32) 質問は，「ブライアンはこれから何をするつもりか？」という意味。
1「シンガポールで新しいことを経験する。」
2「違う国に移動する。」
3「言葉の壁に対処する方法を学ぶ。」
4「母親と一緒に料理教室に通う。」
(33) 質問は，「ブライアンは最近何をしたか？」という意味。
1「光のショーを見た。」
2「アヤをどこに連れていくか計画した。」
3「ガーデンズ・バイ・ザ・ベイを訪れた。」
4「夜に野生動物を観察した。」

（英文の意味）

差出人：ブライアン・コレット
受取人：アヤ・トダ
日付：2月3日
件名：シンガポールからごあいさつ
やあ，アヤ。
ニセコではいかがお過ごしでしょうか。この季節，君は毎日スキーをしているんだろうな。2年前，そこへ僕の家族を招待してくれた時，僕たちはスキーとスノーボードをすごく楽しんだんだ。パウダースノーの意味が何なのかを知ったよ。君は夏にもハイキングやカヤックなどたくさんできることがあるって言っていたね。違うアクティビティに挑戦しに，夏にまた行きたいと思っている

よ。

以前にも書いたように，父の仕事で1月にここシンガポールに来たんだ。それで，僕たちはすごく忙しくしているよ。シンガポールでは英語が一つの公用語だから，言葉の壁について心配する必要がないのは幸運だよ。だけど，ここでは違う言語も話されているんだ。違う文化，宗教，人種の人々がこの国を構成しているんだよ。そのさまざまな側面を探求することは，僕たちにとって刺激になるだろう。母はすでに料理教室に通い始めたよ。シンガポールは観光客向けのアトラクションもたくさんあるんだ。僕たちは先日，マンダイ・ナイトサファリのツアーに行ったよ。夜に活動する動物を見るのはワクワクした。ガーデンズ・バイ・ザ・ベイも行くべき場所の一つだ。光のショーがかっこいいらしい。僕たちは少なくとも3年はここに滞在する予定だよ。いつか僕たちに会いに来てね。
ブライアン

❹B (34) **1**　(35) **4**　(36) **2**　(37) **2**

解説
❹B (34) 質問は，「オーストラリアとアメリカの科学者の目標は何か？」という意味。
1「植物と動物の種の喪失を遅らせること。」
2「タスマニアンタイガーを絶滅から救うこと。」
3「さらなる地球温暖化を防ぐ力になること。」
4「土地開発のスピードを遅らせること。」
(35) 質問は，「タスマニアンタイガーについて何を知っているか？」という意味。
1「タスマニアのタスマニアンタイガーが1982年に姿を消した。」
2「病気を伝染させるため，タスマニアンタイガーは殺された。」
3「タスマニアのタスマニアンタイガーはヨーロッパ人がやってくる前に絶滅した。」
4「生きているタスマニアンタイガーは1930年代に最後に見られた。」
(36) プロジェクトの科学者が取り組んでいる目的を答える。
1「タスマニアンタイガーの全ての遺伝子情報を集めるため」
2「喪失した種を復活させる方法を確立するため」
3「何をもってプロジェクトを始めるべきか決定するため」
4「このプロジェクトにより多くの支援を得るため」
(37) プロジェクトに反対する科学者の意見として最も適切なものを選ぶ。

1「そのようなプロジェクトなしで現存する種を保護することができる」
2「代わりに現存する絶滅危惧種が守られる努力をするべきである」
3「このプロジェクトは残されている一部の種にとって有害である」
4「このプロジェクトは進行が遅すぎて目的を達成できないだろう」
（英文の意味）
「タスマニアタイガーを復活させること」
絶滅した動物を生き返らせるプロジェクトがあります。オーストラリアのメルボルン大学の科学者チームと，アメリカの遺伝子工学企業の科学者たちは共同でタスマニアタイガーをもとに戻す取り組みを行っています。そうすることにより，気候変動で植物や動物の数や種類が減少することを意味する，いわゆる生物多様性の消失を最終的にゆるやかにすることを望んでいます。
タスマニアタイガーは犬に似ていましたが，背中にはトラと似た縞模様がありました。オーストラリア本土やタスマニア島，ニューギニア島に住んでいました。その数はオーストラリアに人間が渡ってきたときから急激に減少しました。のちにヨーロッパ人が移住したあと，残ったタスマニアタイガーも人間による狩猟や，生息地の減少，疫病の伝来により絶滅しました。わかっている中で最後のタスマニアタイガーは1936年に死に，1982年に種の絶滅が発表されました。
ここまで，絶滅した動物を生き返らせる試みが成功した試しはありませんでした。しかし，科学者チームはこれ以上のチャンスはないと考えました。メルボルン大学のチームはすでにすべての種の遺伝子情報を明らかにし，現在絶滅した動物を呼び戻すための技術を開発するために，アメリカの企業で働いているのです。1頭のタスマニアタイガーから始めていますが，十分な数のタスマニアタイガーを自然環境に復活させることが彼らの目標です。
このプロジェクトが成功する見込みはないだろうと考える科学者もいます。彼らはまた，たくさんの現存する種が生存競争に敗れる中で，まるでSFのような試みを行う価値があるのか疑問に考えています。しかしこのプロジェクトを支持する人は，成功すればこの発見がまだ絶滅していない種を守る助けになり得ると主張しています。このような発見は，絶滅の危機に瀕している種を守る取り組みを加速させるのに，不可欠になるだろうと考えています。

ライティング

❺ I think it is better for new college students to live in a college dormitory. First, living in a college dormitory is cheaper than an apartment. You don't have to buy or rent furniture yourself. Second, living in a dormitory gives you more chances to make friends with other students. In particular, you can meet students who study different subjects.

（ 解答例の意味 ）

新入大学生にとって大学の寮で暮らす方がいいと思う。まず，大学の寮で暮らすことはアパートよりも安い。自分で家具を買ったり借りたりする必要がない。次に，寮暮らしは他の学生と友人になる機会を多く与えてくれる。特に，異なる科目を勉強する学生と出会うことができる。

Listening Test
第1部

(No. 1) 2	(No. 2) 2	(No. 3) 1	(No. 4) 3
(No. 5) 1	(No. 6) 3	(No. 7) 2	(No. 8) 2
(No. 9) 1	(No. 10) 3		

解説

No. 1 　流れる音声の意味は以下の通り。

A : Jenny, what are you looking for?

「ジェニー，何を探しているの？」

B : My pen. I probably left it at the café when I wrote down my next dentist's appointment.

「私のペンよ。おそらく次の歯医者の予約を書き留めた時にカフェに置いてきたんだと思う。」

A : Then let's go back to the café.

「じゃあ，そのカフェに戻ろう。」

1　But there's a new café open over there.

「でもあそこにオープンした新しいカフェがあるわ。」

2　Thanks, but let me call the café first. 「ありがとう，でもまずカフェに電話させて。」

3　Thanks, but I have a dentist's appointment.「ありがとう，でも歯医者の予約があるの。」

No. 2 　流れる音声の意味は以下の通り。

A : Helen, what's the matter? You don't look well.

「ヘレン，どうしたんだい？体調が良くなさそうに見えるよ。」

B : Don't worry, Dad. I'm fine. I'm just not sleeping well these days.

「心配しないで，お父さん。私は元気よ。ただ最近よく眠れないの。」

A : I understand. Everyone gets nervous when exams get closer.

「分かるよ。皆，試験が近づくと緊張するものさ。」

1　I thought the exams were rather easy. 「試験は割と簡単だと思ったわ。」

2　Did you get nervous, too? 「お父さんも緊張した？」

3　I think I did fairy well. 「かなり良くできたと思うわ。」

No. 3 　流れる音声の意味は以下の通り。

A : I think I'll take this Thai cooking course.

「このタイ料理コースを取ろうと思うよ。」

B : I didn't know you were interested in cooking, Joe.

「あなたが料理に興味があったなんて知らなかったわ，

ジョー。」

A：I wasn't. But last week, the only Thai restaurant in my neighborhood closed.

「なかったよ。でも先週，近所の唯一のタイ料理レストランが閉店しちゃったんだ。」

1　So, you've decided to cook Thai food yourself.「だから，自分でタイ料理を作ることに決めたのね。」

2　So, you're looking for one near your office.「だから，あなたのオフィスに近いタイ料理レストランを探しているのね。」

3　So, you're attending Thai language class.「だから，タイ語のクラスに出席するのね。」

No. 4　流れる音声の意味は以下の通り。

A：Excuse me, I'd like to try this sweater on if it's okay.

「すみません，もしよければこのセーターを試着したいのですが。」

B：Sure. Which size?

「いいですよ。どのサイズでしょうか。」

A：This size is fine with me. Do you have any colors other than white?

「私にはこのサイズがいいです。何か白以外の色はありますか？」

1　We have larger ones, if you like.「よければ，大きいサイズのものがあります。」

2　You look great in white.「白がとてもお似合いですね。」

3　We have it in blue and red, too.「そのセーターの青と赤もありますよ。」

No. 5　流れる音声の意味は以下の通り。

A：Are you reading a Harry Potter book, now?

「今，ハリー・ポッターの本を読んでいるの？」

B：Yes, now. Somehow, I wasn't interested when I was a kid.

「そう，今。どういうわけか，子供の頃は興味なかったのよね。」

A：Why did you pick up the book now?

「どうしてその本を今，選んだの？」

1　Just because my little cousin lent it to me.「ただ私の幼い従妹［従弟］が貸してくれたからよ。」

2　I have always wanted to read these books.「私はずっとこれらの本を読みたいと思っていたの。」

3　I thought I was old enough for it.「この本にはもういい年だと思ったわ。」

No. 6　流れる音声の意味は以下の通り。

A：I don't think we can get to the theater before the movie starts.

「映画が始まる前に映画館に着けないと思う。」

B：How about having lunch first and watching the next show?

「まず昼食をとってから次の回を観るのはどう？」

A：Or watching a different movie?

「それか，違う映画を観るのは？」

1　What would you like to eat?「何が食べたい？」

2　I've already seen it, sorry.「それはもう観ちゃった。ごめんね。」

3　Let's check what other movies are on.「他に何の映画がやっているか確認してみよう。」

No. 7　流れる音声の意味は以下の通り。

A：Oh, no! Our bus has just left.

「しまった！僕たちの乗るバスは今出発しちゃったよ。」

B：How long do we have to wait for the next one?

「次のバスまでどのくらい待たなきゃならない？」

A：Let me see ... 20 minutes. Shall we walk?

「ええと…20分。歩こうか？」

1　But there's no bus today.「でも今日はバスがないわ。」

2　But it takes more than an hour.「でも1時間以上かかるわよ。」

3　But a taxi is too expensive.「でもタクシーはとても高いわ。」

No. 8　流れる音声の意味は以下の通り。

A：Harry, you have lived in Egypt before, haven't you?

「ハリー，あなたは前にエジプトに住んでいたことがあったわよね？」

B：Yes, Alice. Are you planning to go there?

「うん，アリス。そこに行く計画なの？」

A：Yes, I'm really excited, but is there anything I should know beforehand?

「そう，すごくワクワクするわ，でも何か事前に知っておくべきことはある？」

1　I'm excited to go there, too.「僕もそこに行くのが楽しみだよ。」

2　You should research their customs.「彼らの習慣を調べた方がいいよ。」

3　Egypt is a very exciting country.「エジプトはとても面白い国だよ。」

No. 9　流れる音声の意味は以下の通り。

A：I'm afraid we have to leave.

「残念だけど，僕たちはもう行かなきゃ。」

B：Already? Did you have a good time?

「もう？楽しい時間を過ごせた？」

A：Yes, very much. Thank you for inviting us to this wonderful party.

「うん，とても。僕たちをこのすばらしいパーティーに招待してくれてありがとう。」

1 Thank you for coming.「来てくれてありがとう。」

2 Please enjoy yourselves.「どうぞ,楽しんでね。」

3 Make yourselves at home.「おくつろぎくださいね。」

No. 10 流れる音声の意味は以下の通り。

A：Honey, my grandmother broke her leg and is in the hospital now.

「ねえ，僕の祖母が足を骨折して今入院しているんだ。」

B：That's too bad. Let's visit her tomorrow.

「それはお気の毒ね。明日，彼女のところに行きましょう。」

A：She's worried about her cat. It is left at home alone.

「彼女はネコを心配しているんだ。家に一匹で残されているから。」

1 When did it leave home?「いつ家を出発したの？」

2 We'll find another cat for her.「彼女に新しいネコを探すわ。」

3 Let's bring it here, then.「じゃあ，ここに連れてきましょうよ。」

第2部

(*No. 11*) 3	(*No. 12*) 2	(*No. 13*) 3	(*No. 14*) 4
(*No. 15*) 1	(*No. 16*) 1	(*No. 17*) 4	(*No. 18*) 2
(*No. 19*) 3	(*No. 20*) 4		

解説

No. 11 流れる音声と質問の意味は以下の通り。

A：Hi, Tony, you are early. I thought you had basketball practice after school.

「あら，トニー，早いのね。放課後にバスケットボールの練習があると思っていたわ。」

B：Hi, Mom. I was worried about the cat, so I came home. Has she eaten anything?

「やあ，母さん。ネコが心配だったから家に帰ってきたんだ。彼女，何か食べた？」

A：Just a little. Should we wait and see a little longer, or take her to the vet now?

「ほんの少しね。もう少し様子を見るべきか,それとも今,獣医に連れて行くべきかしら。」

B：I'll take her now.

「僕が今，連れて行くよ。」

Question：What will Tony do next?

「質問：トニーは次に何をするか？」

1 Go to basketball practice.「バスケットボールの練習に行く。」

2 Wait and see if the cat eats more.「ネコがもっと食べるかどうか様子を見る。」

3 Bring the cat to the vet.「ネコを獣医に連れて行く。」

4 Give the cat her favorite food.「ネコに一番好きな食べ物を与える。」

No. 12 流れる音声と質問の意味は以下の通り。

A：Hi, Jenny. What are you checking?

「やあ，ジェニー。何をチェックしているの？」

B：Hi, Neil. I'm looking for companies that offer skydiving.

「やあ，ニール。スカイダイビングをやっている会社を探しているんだ。」

A：But you hate heights. You don't ride roller coasters.

「でも君は高いところが嫌いだよね。ジェットコースターにも乗らないじゃない。」

B：It's for my grandmother's seventieth birthday. She said she wanted to try bungee jumping, but we feel skydiving is a little safer.

「祖母の70歳の誕生日のためなんだ。おばあちゃんがバンジージャンプに挑戦したいって言ってね，でもスカイダイビングの方が少し安全だと思って。」

Question：What does Jenny's grandmother want to do?

「質問：ジェニーの祖母は何がしたいか？」

1 Go skydiving with Jenny.「ジェニーと一緒にスカイダイビングに行く。」

2 Try bungee jumping.「バンジージャンプに挑戦する。」

3 Ride a roller coaster.「ジェットコースターに乗る。」

4 Plan her birthday party.「彼女の誕生日パーティーを計画する。」

No. 13 流れる音声と質問の意味は以下の通り。

A：Hi, Alice. You look different with glasses on.

「やあ，アリス。眼鏡をかけると違って見えるね。」

B：Hi, Joe. My contact lenses hurt this morning, so I'm wearing my old glasses.

「やあ, ジョー。今朝コンタクトレンズに傷がついちゃって, だから古い眼鏡をかけているんだ。」

A : Your eyes are red. You should go and see your eye doctor.

「君の目が赤いよ。眼科医に診てもらった方がいいよ。」

B : Yes, I have to. I can't see well with these glasses any more.

「そうね, そうしないと。もうこの眼鏡だとよく見えないの。」

Question : What do we know about Alice's glasses?

「質問：私たちはアリスの眼鏡について何が分かるか？」

1 They don't look good on her. 「眼鏡は彼女に似合っていない。」

2 She can't find them anywhere. 「彼女はどこを探しても眼鏡が見つからない。」

3 They don't match her current eye condition. 「眼鏡は彼女の最近の目の状態に合っていない。」

4 She prefers glasses to contact lenses. 「彼女はコンタクトレンズより眼鏡が好きだ。」

No. 14 流れる音声と質問の意味は以下の通り。

A : It feels great to walk on the beach in the early morning.

「朝早くにビーチを歩くのは気持ちがいいね。」

B : Jenny, what are those people doing over there? They are all wearing the same T-shirt.

「ジェニー, あの人たちはあそこで何をしているんだい？彼らは皆, 同じTシャツを着ているよ。」

A : I guess they are cleaning up the beach. Shall we help them a little?

「彼らはビーチの清掃をしているのだと思うよ。少し彼らを手伝う？」

B : Yeah. That lady looks the leader. Let's ask her if we can join them.

「うん。あの女性がリーダーのようだ。僕らが参加できるかどうか彼女に聞いてみよう。」

Question : What will the couple ask the lady?

「質問：カップルは女性に何を聞くか？」

1 If her group can help them. 「彼女のグループが彼らを手伝ってくれるかどうか。」

2 What the group is doing. 「そのグループが何をしているか。」

3 Where they can find the same T-shirt. 「彼らはどこで同じTシャツを見つけられるか。」

4 If they can help with the clean-up. 「彼らが清掃を手伝えるかどうか。」

No. 15 流れる音声と質問の意味は以下の通り。

A : Steve, what do you think of eating insects?

「スティーブ, あなたは虫を食べることをどう思う？」

B : I hear eating insects is more eco-friendly than eating beef or pork, but do you want to try eating insects, Sarah?

「虫を食べることは牛肉や豚肉を食べるより自然に優しいと聞くけど, サラは虫を食べてみたいの？」

A : I'm not sure, but I can eat less meat and eat more vegetables if it helps the environment.

「分からないな, でも環境を助けることになるなら, 肉を食べる量を減らして野菜をもっと食べることができるよ。」

B : Or fish. Let's have sushi tonight.

「それか魚。今夜はすしを食べよう。」

Question : What is Sarah willing to do for the environment?

「質問：サラは環境のために何をしようとしているか？」

1 Eat less meat. 「肉を食べる量を減らす。」

2 Eat more insects. 「もっと虫を食べる。」

3 Eat more fish and meat. 「もっと魚と肉を食べる。」

4 Eat less vegetables. 「野菜を食べる量を減らす。」

No. 16 流れる音声と質問の意味は以下の通り。

A : Julie, have you seen Meg? I heard she is back on holiday.

「ジュリー, メグに会った？彼女, 休暇で帰ってきたって聞いたのだけど。」

B : Yes, she has changed a lot. I invited her for dinner this weekend. Won't you come?

「うん, 彼女すごく変わったよ。今週末, 彼女を夕食に誘ったのよ。あなたも来ない？」

A : I'd like to, but unfortunately I'll be away on a business trip.

「行きたいな, でも残念ながら出張でいないんだ。」

B : Oh, bad timing. But she is staying for two weeks. You'll have other chances.

「あら, タイミングが悪いね。でも彼女は2週間滞在するわよ。ほかにチャンスがあるわよ。」

Question : What is disappointing for the man?

「質問：男性にとって残念なこととは何か？」

1 He can't join Julie and Meg for dinner. 「彼はジュリーとメグとの夕食に参加できない。」

2 He didn't recognize Meg. 「彼はメグに見覚えがなかった。」

3 Meg has changed a lot. 「メグがすごく変わっ

てしまった。」

4 Meg is away on a business trip. 「メグは出張でいない。」

No. 17 流れる音声と質問の意味は以下の通り。

A：Mom, I don't feel well. I don't want to eat.
「ママ，気分が良くないんだ。食べたくないよ。」

B：Take your temperature. Do you have a headache?
「体温を測って。頭痛はある？」

A：No. Just I feel dull.
「ううん。ただだるく感じるんだ。」

B：All right. I'll call the school to tell them you can't attend today. If you have a fever, we'll go to see the doctor.
「分かったわ。学校に電話して，あなたは今日出席できないことを言うわね。もし熱があったら，お医者さんに診てもらいに行きましょう。」

Question：How is the boy today?
「質問：今日，男の子はどのような感じか？」

1 He has a headache. 「彼は頭痛がする。」

2 He is hungry. 「彼はお腹が空いている。」

3 He has a fever. 「彼は熱がある。」

4 He is feeling dull. 「彼はだるく感じている。」

No. 18 流れる音声と質問の意味は以下の通り。

A：I like this jacket, but it's too expensive for me. Would you show me some cheaper ones?
「このジャケットを気に入ったわ，でも私には高すぎます。もっと安いものを見せてもらえますか？」

B：But you look great in it and it is a bargain, twenty percent off the original price.
「ですが，それはあなたにとてもお似合いですし，特売品で元の値段より20％引きですよ。」

A：Could you discount it another ten percent?
「もうあと10％値引きしていただけませんか？」

B：Probably. I'll talk to my boss.
「恐らく大丈夫です。上司に話してきます。」

Question：Why does the sales clerk want to talk to his boss?
「質問：なぜその店員は上司と話したがっているのか？」

1 To ask if there are cheaper jackets. 「もっと安いジャケットがあるかどうかをたずねるため。」

2 To get permission to discount the jacket further. 「そのジャケットをもっと割り引くことの許可を取るため。」

3 To find out if there are any jackets on sale. 「セールになっているジャケットがあるかどうか調べる

4 To ask for help with a difficult customer. 「気難しい客への接客を手伝ってほしいと頼むため。」

No. 19 流れる音声と質問の意味は以下の通り。

A：Hello, Cathy. Where are you?
「もしもし，キャシー。どこにいるの？」

B：Andy, that's what I want to ask you. I've been waiting for you at the south entrance to the park.
「アンディ，それは私があなたに聞きたいことよ。私はずっとあなたを公園の南の入り口で待っていたのよ。」

A：Oh, I thought we were meeting at the station.
「あれ，駅で待ち合わせかと思ったよ。」

B：But we changed the plan. Come here. I've already bought the tickets.
「だけど計画を変えたじゃない。ここに来て。私，もうチケットを買っちゃったよ。」

Question：What was Andy supposed to do?
「質問：アンディは本来，何をするはずだったか？」

1 Meet Cathy at the station. 「駅でキャシーに会う。」

2 Buy tickets for both Cathy and him. 「キャシーと彼の分のチケットを買う。」

3 Meet Cathy at the park entrance. 「公園の入り口でキャシーに会う。」

4 Let Cathy know where to meet. 「キャシーにどこで会うかを知らせる。」

No. 20 流れる音声と質問の意味は以下の通り。

A：What was that sound? Can you see from there?
「あの音は何だったのかな？そこから見える？」

B：A boy fell off a bicycle in front of our house, but he has already gotten up.
「男の子が家の前で自転車を倒しちゃったんだ，でももう起き上がっているよ。」

A：Is he really okay? Shouldn't he go to the hospital?
「本当に平気？病院に行くべきじゃない？」

B：I don't know. I'll go and check.
「分からないな。行って確認してくるよ。」

Question：What is the one thing the woman wants to know?
「質問：女性が知りたがっていることは何か？」

1 Whether their house got damaged. 「彼らの家が傷つけられていないかどうか。」

2 What caused that sound. 「何がその音の原因

だったか。」

3 Which hospital the boy wants to go to. 「どの病院に男の子が行きたがっているか。」

4 Whether boy is really all right. 「男の子が本当に大丈夫かどうか。」

第3部

(No. 21) **3**	*(No. 22)* **2**	*(No. 23)* **3**	*(No. 24)* **1**
(No. 25) **4**	*(No. 26)* **4**	*(No. 27)* **1**	*(No. 28)* **2**
(No. 29) **3**	*(No. 30)* **2**		

解説

No. 21 流れる音声と質問の意味は以下の通り。

Kay was late for work today because her car broke down. She wants to buy a new car, but she can't afford to buy the car she likes best. Her father suggests going to work by bicycle. He says she can save money for a new car and that it will be good for her health. Kay decided to follow his suggestion.

「ケイは，彼女の車が壊れてしまったので今日仕事に遅れた。彼女は新しい車を買いたいが，一番いいと思っている車を買う余裕はない。彼女の父親は自転車で仕事に行くことを提案する。彼は，新しい車のためにお金を貯められるし，それは彼女の健康のために良いだろうと言う。ケイは父親の提案に従うことに決めた。」

Question: Why is she going to go to work by bike?

「質問：なぜ彼女は自転車で仕事に行くのか？」

1 Because the car she wants is not on sale yet. 「彼女が欲しい車がまだ売りに出されていないから。」

2 Because she wants to improve her health. 「健康を改善したいから。」

3 Because she will save money to buy the car she wants. 「彼女は好きな車を買うため節約するから。」

4 Because her father is against her buying a car. 「彼女の父親が車を買うことに反対しているから。」

No. 22 流れる音声と質問の意味は以下の通り。

Lisa's brother Mike won a marathon in their town recently. That made Lisa want to try a marathon. She looked for advice for beginners online, and decided to buy a pair of running shoes. She asked Mike to help her choose the right shoes. Mike said he will

be free this Saturday afternoon. She thanked him and promised to buy him lunch.

「リサの兄［弟］のマイクは最近，町のマラソン大会で優勝した。それはリサをマラソンに挑戦したいという気持ちにさせた。彼女はインターネット上で初心者用のアドバイスを探し，ランニングシューズを買うことに決めた。彼女はマイクに適切な靴を選ぶのを手伝ってくれるよう頼んだ。マイクは今週の土曜日の午後は空いていると言った。彼女は彼に礼を言い，昼食をおごる約束をした。」

Question: What will Lisa do this Saturday afternoon?

「質問：リサは今週の土曜日の午後に何をするか？」

1 Start running. 「ランニングを始める。」

2 Go to a sporting goods shop. 「スポーツグッズの店に行く。」

3 Run a marathon. 「マラソンを走る。」

4 Have lunch with her friends. 「彼女の友人と昼食をとる。」

No. 23 流れる音声と質問の意味は以下の通り。

Emily has a lot of clothes she no longer wears. She keeps them in good condition just for the memories they gave her. The problem is that they take up space. One day, a friend talked about a charity event. The charity collects old clothes to give them to people who need them. Emily decided to donate some of her clothes. She thinks it is nice that they will be put to use again.

「エミリーはもう着ない服をたくさん持っている。思い出の品として，彼女はそれらを良い状態で保管している。問題はそれらが場所を取っていることだ。ある日，友人がチャリティーイベントについて話した。その慈善事業では，服が必要な人々に渡すために古着を集めている。エミリーは何着かの彼女の服を寄付することに決めた。彼女は服がまた使われる状態になることがいいことだと思っている。」

Question: What will Emily do with her old clothes?

「質問：エミリーは彼女の古着をどうするか？」

1 Keep them for the memories they gave her. 「服が彼女に与えた思い出のため，それらを保管する。」

2 Remake them to fit her. 「彼女に合うようにそれらをリメイクする。」

3 Give them to a charity. 「慈善事業にそれらを与える。」

4 Give them to her friend. 「彼女の友人にそれら

を与える。」

No. 24 流れる音声と質問の意味は以下の通り。

There is a report that a pet iguana escaped from its cage on Tuesday and has not been found yet. An animal expert says iguanas are not dangerous, but they may attack you if you come too close. You are advised to call the police if you see it, and not to try to catch it.

「火曜日にケージからペットのイグアナが逃げたという報告があり，それはまだ見つかっていません。動物の専門家によれば，イグアナは危険ではありませんが，近づきすぎると攻撃するかもしれません。もしそれを見たら，捕まえようとせずに警察に電話するようにしてください。」

Question：What is this announcement for?

「質問：これは何のための告知か？」

1 To warn the public of a potential danger. 「市民に危険の可能性があることを警告するため。」

2 To advise people how to take care of wild animals. 「人々に野生の動物を世話する方法をアドバイスするため。」

3 To ask the public to look for the lost iguana. 「市民に迷子のイグアナを探すようお願いするため。」

4 To advise people not to keep wild animals. 「人々に野生の動物を飼わないようアドバイスするため。」

No. 25 流れる音声と質問の意味は以下の通り。

Tim was shocked because he lost a tennis match to a much younger opponent. The other boy started playing tennis just one year ago, while Tim has been playing for ten years. His coach says that one reason he lost was that he didn't concentrate as much as his opponent. Tim thinks that is true. He thinks the other boy really enjoys tennis.

「ティムは自分よりずっと若い対戦者にテニスの試合で負けたためショックを受けた。ティムが10年間テニスをしている一方で，その男の子はたった1年前にテニスを始めた。ティムのコーチは，彼が負けた理由の一つは対戦者より集中していなかったことだと言う。ティムは，それは本当だと思う。彼は，相手の男の子は本当にテニスを楽しんでいると考える。」

Question：What was one reason Tim lost the tennis match?

「質問：ティムがテニスの試合で負けた理由の一つは何だったか？」

1 His opponent started playing tennis earlier than Tim. 「彼の対戦者はティムより早くテニスをし始めた。」

2 Tim was younger than his opponent. 「ティムは彼の対戦者より若かった。」

3 Tim didn't get on well with his coach. 「ティムは彼のコーチと仲良くしなかった。」

4 His opponent concentrated more than Tim. 「彼の対戦者はティムよりもっと集中した。」

No. 26 流れる音声と質問の意味は以下の通り。

In America, a man called Wayne Morris created National Black Cat Appreciation Day in 2011. In some countries, people once believed that black cats were unlucky. Now, though people don't believe such things, black cats are not popular when people choose cats in animal shelters. Mr. Morris wanted to change that by making a day for black cats.

「アメリカでは，2011年にウェイン・モリスと呼ばれる男性が全国黒猫感謝の日を制定した。いくつかの国で人々はかつて，黒猫は不吉であると信じていた。今日では人々はそのようには信じていないものの，人々が動物シェルターで猫を選ぶ際に黒猫は人気がない。モリスさんは黒猫のための日を作ることで，それを変えたいと思った。」

Question：What is the purpose of National Black Cat Appreciation Day?

「質問：全国黒猫感謝の日の目的は何か？」

1 To teach people about the history of domestic cats. 「飼い猫の歴史について人々に教えるため。」

2 To stop people from getting rid of their pets. 「人々がペットを処分するのを阻止するため。」

3 To create shelters for black cats. 「黒猫のためのシェルターを作るため。」

4 To help more black cats find new homes. 「より多くの黒猫に新しい里親が見つかるようにするため。」

No. 27 流れる音声と質問の意味は以下の通り。

Marcus sometimes helps at his uncle's restaurant. Recently his uncle hurt his back and asked Marcus to work on weekends. He usually goes to the mountains on weekends, but he gave that up for a while. A good thing was that he met workers at the restaurant who only work on weekends, and they became his friends. They are surfers, and they promised to take him surfing.

「マーカスは時々,叔父[伯父]さんのレストランを手伝っている。最近,彼の叔父は腰を痛め,マーカスに週末に働いてくれるように頼んだ。彼は大抵,週末には山に行くが,しばらくそれを諦めた。良いことは,レストランで週末にだけ働いている従業員に会えたことで,彼らはマーカスの友達になった。彼らはサーファーで,彼をサーフィンに連れて行く約束をしてくれた。」

Question：What good thing happened to Marcus?

「質問：マーカスにどのような良いことが起こったか?」

1 He made friends with surfers.「彼はサーファーの友達ができた。」
2 He met people who have the same hobbies as him.「彼は彼と同じ趣味を持つ人々に会った。」
3 He got a chance to earn more.「彼はより多くのお金を稼ぐ機会を得た。」
4 He didn't have to work on weekdays.「彼は平日に働く必要がなくなった。」

No. 28 流れる音声と質問の意味は以下の通り。

Kimberly didn't know what to buy her husband for his birthday. He said he didn't want any more neckties. He likes video games, but she didn't want him to play video games all day on weekends. She decided to buy some gardening goods. Though he is not particularly interested in gardening, at least she can make use of them.

「キンバリーは彼女の夫の誕生日に何を買うべきか分からなかった。彼はもうネクタイは欲しくないと言った。彼はテレビゲームが好きだが,彼女は週末に一日中,彼にテレビゲームをしてほしくない。彼女はガーデニンググッズをいくつか買うことに決めた。彼は特にガーデニングに興味はないが,少なくとも彼女はそれらを活用することができる。」

Question：What sort of thing will Kimberly buy for her husband?

「質問：キンバリーは彼女の夫にどのようなものを買うか?」

1 Something her husband has wanted for a long time.「彼女の夫が長いこと欲しがっていたもの。」
2 Something she can use if her husband doesn't.「もし彼女の夫が使わなくても彼女が使えるもの。」
3 Something that will be useful to her husband.「彼女の夫にとって役立つもの。」

4 Something that her husband requested.「彼女の夫がリクエストしたもの。」

No. 29 流れる音声と質問の意味は以下の通り。

Your attention please. We are sorry to announce that the nine thirty train will be delayed by about fifteen minutes. This is due to an accident earlier this morning between Minami Station and Shin-Minami Station. The train has just left the station two stations away. It will arrive in about ten minutes. We apologize for this delay.

「ご案内申し上げます。誠に申し訳ありませんが,9：30発の列車が15分程度遅れていることをお知らせいたします。これは,早朝にミナミ駅とシンミナミ駅の間で起きたアクシデントによるものです。列車は先ほど2つ前の駅を出発したところです。約10分後に到着するでしょう。この遅延についてお詫び申し上げます。」

Question：What is this announcement for?

「質問：これは何のためのアナウンスか?」

1 To inform the customers of a train cancellation.「客に列車の運休を知らせるため。」
2 To apologize for the late announcement.「遅いアナウンスを謝罪するため。」
3 To inform the customers when the train will arrive.「客に列車がいつ到着するかを知らせるため。」
4 To apologize for causing an accident.「事故を起こしたことを謝罪するため。」

No. 30 流れる音声と質問の意味は以下の通り。

Many people think that chameleons change their colors and patterns to match their background. That is not correct. Most chameleons are green, yellow, or dark brown. They are the colors of their surrounding environment. This helps chameleons get closer to their food without being noticed. Their colors change due to factors such as temperature and light. When it is cold, chameleons get darker. Color changes also communicate their emotions, such as fear.

「多くの人々は,カメレオンは彼ら自身の色と模様を背景に合わせて変化させると思っている。それは正しくない。ほとんどのカメレオンは,緑,黄色,もしくは濃い茶色をしている。それらは彼らの周囲の環境の色だ。これにより,カメレオンは気づかれずに彼らの食べ物に近づくことができる。彼らの色は温度や光のような要因によって変わる。寒い時にはカメレオンはより暗い色にな

る。色の変化は恐怖のような彼らの感情も伝える。」

Question：What is true about chameleons?
「質問：カメレオンについて何が真実か？」

1 They cannot actually change colors.「彼らは実は色を変えることができない。」

2 Light has something to do with their colors.「光は彼らの色に関係している。」

3 Their patterns change when the temperature drops.「彼らの模様は気温が下がる時に変わる。」

4 Their bright colors help them catch food.「彼らの明るい色は食べ物を捕まえるのに役立つ。」

よく出る順で

ホントにわかる
直前チェックBOOK

準**2**級

ふろくの赤シートを
使って覚えよう！

重要名詞

職業・人

1 ☐ **scientist**	科学者
2 ☐ **owner**	所有者, 持ち主
3 ☐ **president**	大統領, 社長
4 ☐ **volunteer**	ボランティア, 有志
5 ☐ **government**	政府
6 ☐ **farmer**	農場主
7 ☐ **police**	警察
8 ☐ **staff**	スタッフ

> 複数形もstaff

9 ☐ **boss**	(職場の)上司, 上役
10 ☐ **customer**	顧客, 取引先
11 ☐ **author** ≒ **writer**	著者
12 ☐ **director**	指導者, 監督
13 ☐ **minister**	大臣
14 ☐ **neighborhood**	近所の人

ビジネス・社会

15 ☐ **store** ≒ **shop**	店, 商店

> shopは特定の種類のものを売る店
> storeは仕入れた商品を売る店

16 ☐ **project**	計画, 企画
17 ☐ **section**	部門
18 ☐ **information**	情報
19 ☐ **report**	報告(書), レポート
20 ☐ **website**	ウェブサイト
21 ☐ **career**	キャリア
22 ☐ **product**	製品
23 ☐ **department**	(組織・会社などの)部, 課
24 ☐ **system**	(社会的・政治的)組織, 制度
25 ☐ **price**	値段, 価格

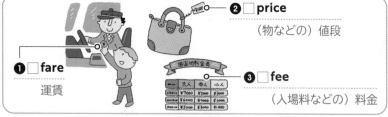

❶ ☐ **fare**
運賃

❷ ☐ **price**
(物などの)値段

❸ ☐ **fee**
(入場料などの)料金

26 □ idea	考え，アイデア
27 □ research	研究，調査
28 □ service	サービス，公共事業
29 □ condition	状態，条件
30 □ organization	組織
31 □ chance	可能性，見込み
32 □ community	地域社会

自然・科学・文化・地理

33 □ ocean	海洋

🔊 seaよりも広範囲の海を指す

34 □ plant	植物
35 □ environment	環境
36 □ culture	文化
37 □ agriculture	農業
38 □ race	人種
39 □ insect	昆虫・虫
40 □ island	島
41 □ grass	草，牧草
42 □ energy	エネルギー
43 □ air	空気
44 □ seed	種
45 □ space	宇宙

🔊 地球を含めた宇宙空間を表すときはuniverse

46 □ nature	自然

47 □ climate	気候
48 □ garbage	ごみ
49 □ desert	砂漠

単位

50 □ date	日付
51 □ grade	学年，等級，段階
52 □ percent	パーセント
53 □ millon	100万
54 □ billion	10億
55 □ weight	重さ
56 □ degree	（温度などの）度
57 □ amount	量

🔊 数えられない名詞に使われる

医療・病気・生活など

58 □ medicine ≒ drug	薬，医薬品
59 □ disease ≒ illness	病気，疾患

🔊 diseaseは重い病気を指す

60 □ cell	細胞
61 □ patient	患者
62 □ fever	熱
63 □ ache	痛み
64 □ clinic	診療所

65 ☐ cancer	がん
66 ☐ art	芸術
67 ☐ shoe	靴

☞ a pair of shoesで一足の靴を表す

68 ☐ area	地域
69 ☐ clothes	衣服
70 ☐ toy	おもちゃ
71 ☐ soap	せっけん
72 ☐ internet	インターネット
73 ☐ gym	体育館
74 ☐ vegetable	野菜
75 ☐ apartment	アパート
76 ☐ paper	紙, 新聞

☞ 1枚の紙というときは a piece of paper

77 ☐ dress	ドレス
78 ☐ theater	映画館
79 ☐ light	光
80 ☐ pie	パイ
81 ☐ recipe	レシピ

82 ☐ tool	道具

数えられない名詞

83 ☐ smell	におい
84 ☐ noise	いやな音
85 ☐ prize	賞

行動・動作

86 ☐ care	心配
87 ☐ order	注文
88 ☐ exhibition	展示
89 ☐ match	組み合わせ
90 ☐ attention	注意
91 ☐ exchange	交換
92 ☐ swimming	水泳
93 ☐ equipment	設備, 準備

旅行・交通

94 ☐ reservation	(部屋や飛行機などの) 予約
≒ appointment	(人に会う) 予約
95 ☐ plane	飛行機
96 ☐ tour	ツアー

97 ☐ **flight**	航空便
98 ☐ **journey**	旅

> trip や travel より長い
> 旅の道中に視点を置く単語

99 ☐ **adventure**	冒険
100 ☐ **distance**	距離

── 形のないもの ──

101 ☐ **result**	結果
⇔ **process**	過程
102 ☐ **reason**	理由
103 ☐ **trouble**	問題
104 ☐ **favor**	お願いごと
105 ☐ **fact**	事実, 真実
106 ☐ **mistake**	まちがい
107 ☐ **activity**	活動
108 ☐ **accident**	事故
109 ☐ **center**	中央
110 ☐ **future**	未来
⇔ **past**	過去
111 ☐ **skill**	技術
112 ☐ **advice**	助言
113 ☐ **charity**	慈善
114 ☐ **chemistry**	化学
115 ☐ **experience**	経験
116 ☐ **rule**	決まり, ルール
117 ☐ **front**	前

118 ☐ **waste**	無駄
119 ☐ **fashion**	流行
120 ☐ **license**	資格
121 ☐ **average**	平均
122 ☐ **character**	性格
123 ☐ **effort**	努力
124 ☐ **experiment**	実験
125 ☐ **flavor**	味
126 ☐ **purpose**	目的
127 ☐ **detail**	詳細
128 ☐ **matter**	問題
129 ☐ **memory**	思い出
130 ☐ **topic**	題名
131 ☐ **ability**	能力
132 ☐ **emergency**	緊急
133 ☐ **knowledge**	知識
134 ☐ **method**	方法
135 ☐ **middle**	中間
136 ☐ **opinion**	意見
137 ☐ **safety**	安全
138 ☐ **secret**	秘密
139 ☐ **belief**	信念
140 ☐ **corner**	角
141 ☐ **decision**	決意
142 ☐ **effect**	効果
143 ☐ **failure**	失敗
⇔ **success**	成功

重要動詞

対で覚える語

144 ☐ **leave**	～を出発する
⇔ **arrive**	～に到着する
145 ☐ **borrow**	～を借りる
⇔ **lend**	～を貸す
146 ☐ **close**	～を閉める
⇔ **open**	～を開ける
147 ☐ **increase**	増える
⇔ **decrease**	減る
148 ☐ **lose**	負ける
⇔ **win**	勝つ
149 ☐ **allow**	～を許可する
⇔ **prohibit**	～を禁止する
150 ☐ **fill**	～を満たす
⇔ **empty**	～を空にする
151 ☐ **include**	～を含む
⇔ **exclude**	～を除く
152 ☐ **pull**	引く
⇔ **push**	押す
153 ☐ **fail**	失敗する
⇔ **succeed**	成功する

注意する語

154 ☐ **let**　～させる

> let+人+動詞の原形の形で
> 使われることが多い

155 ☐ **translate**　翻訳する

> translate A into Bで
> AをBに翻訳する

156 ☐ **provide**　～を供給する

> provide A with Bで
> AにBを供給する

157 ☐ **prefer**　～を好む

> prefer A to B で
> BよりAを好む

158 ☐ **lay**　横たえる

> 変化系はlay-laid-laid

159 ☐ **lie**　横たわる

> 変化系はlie-lay-lain

うそをつく

> 変化系はlie-lied-lied

感情・心の動き	
160 ☐ **decide**	決定する
161 ☐ **hope**	～を望む
162 ☐ **worry**	～を心配する
163 ☐ **forget**	～を忘れる
164 ☐ **remember**	～を覚えている
165 ☐ **choose**	～を選ぶ
166 ☐ **welcome**	～を歓迎する
167 ☐ **miss**	～を恋しく思う
168 ☐ **surprise**	～を驚かせる
169 ☐ **wish**	～を願う
170 ☐ **realize**	～に気づく
171 ☐ **stand** ≒ **bear**	我慢する
172 ☐ **agree** ⇔ **disagree**	～に賛成する ～に反対する
173 ☐ **notice**	～に気づく
174 ☐ **trust**	信じる
175 ☐ **wonder**	不思議に思う
176 ☐ **attract**	～を引き付ける
177 ☐ **cheer**	元気づける
178 ☐ **depend**	頼る

depend on ～
で「～に頼る」

179 ☐ **celebrate**	～を祝う
180 ☐ **accept**	～を受け入れる
181 ☐ **disappoint**	～を落胆させる
182 ☐ **confuse**	～を混乱させる
183 ☐ **guess**	～を推測する
184 ☐ **relax**	～をリラックスさせる

リラックス「する」ではない

状態	
185 ☐ **grow**	成長する
186 ☐ **spend**	過ごす
187 ☐ **rest**	休む
188 ☐ **improve**	～を改良する
189 ☐ **save** ≒ **protect**	守る
190 ☐ **seem**	～のように見える
191 ☐ **continue**	続く
192 ☐ **cause**	～を引き起こす
193 ☐ **retire**	～を辞める

7

194	mean	～を意味する
195	locate	～に位置する
196	suggest	提案する
197	graduate	卒業する
198	fit	～に似合う
199	damage	～を傷つける
200	display	～を展示する
201	freeze	～を凍らせる
202	recover	回復する
203	contain	～を含む
204	exist	存在する
205	prevent	～を妨げる

知覚動詞

206	see	～を見る
207	feel	～を感じる
208	hear	～が聞こえる
209	smell	～のにおいがする
210	taste	～の味がする

動作を表す動詞

211	excuse	～を許す
212	carry	～を運ぶ
213	hold	～を (手に) 持つ

214	hurt	～を傷つける
215	happen	起こる
216	join	～に加わる
217	wait	待つ
218	turn	曲がる
		名 順番
219	add	～を加える
220	die	死ぬ
221	invite	～を招待する
222	pass	通過する
223	practice	練習する
224	return	帰る，戻る
225	bake	～を焼く
226	explain	～を説明する
227	perform	～をする，～を演じる
228	pick	～を選びとる
229	recommend	～を勧める
230	ride	～に乗る
231	share	～を共有する
232	introduce	～を紹介する
233	reach	～に到着する
234	solve	～を解く，解決する

235 □ prepare	準備する、備える
prepare for A で「Aに備える」	
236 □ collect	～を集める
237 □ fix	～を直す、修理する
≒ repair	
≒ mend	
238 □ follow	～についていく
239 □ offer	～を提供する、申し出る
240 □ discover	～を発見する
241 □ design	～をデザインする
242 □ gain	～を得る
≒ get	
243 □ spread	～を広げる、広がる
244 □ decorate	～を飾る
245 □ receive	～を受け取る
246 □ remove	～を取り除く
247 □ drop	～を落とす
248 □ earn	稼ぐ
249 □ describe	～を説明する

250 □ steal	～を盗む
≒ rob	
251 □ raise	～を上げる
riseは「上がる」	
252 □ train	～を鍛える
253 □ compete	競う
254 □ explore	探検する
255 □ fight	戦う
256 □ hunt	～を狩る
257 □ recycle	リサイクルする、再生利用する
258 □ seek	～を探す
259 □ shake	～を振る
260 □ throw	～を投げる
261 □ climb	～に登る
262 □ communicate	伝達する、コミュニケーションをとる
263 □ complain	文句を言う
264 □ deliver	～を配達する
265 □ lock	～を（かぎをかけて）閉める

▼原形	▼現在形	▼過去形	▼過去分詞
A-A-A型			
cut (切る)	cut(s)	cut	cut
put (置く)	put(s)	put	put
read (読む)	read(s)	read	read
A-B-A型			
become (なる)	become(s)	became	become
come (来る)	come(s)	came	come
run (走る)	run(s)	ran	run
A-B-B型			
bring (持ってくる)	bring(s)	brought	brought
build (建てる)	build(s)	built	built
buy (買う)	buy(s)	bought	bought
find (見つける)	find(s)	found	found
get (手に入れる)	get(s)	got	got

have （持っている）	**have, has**	**had**	**had**
hear （聞こえる）	**hear(s)**	**heard**	**heard**
keep （取っておく）	**keep(s)**	**kept**	**kept**
leave （去る）	**leave(s)**	**left**	**left**
make （作る）	**make(s)**	**made**	**made**
A-B-C型			
be（〜である）	**am, is, are**	**was, were**	**been**
begin （始まる，始める）	**begin(s)**	**began**	**begun**
do（する）	**do(es)**	**did**	**done**
draw（描く）	**draw(s)**	**drew**	**drawn**
drink（飲む）	**drink(s)**	**drank**	**drunk**
eat（食べる）	**eat(s)**	**ate**	**eaten**
give（与える）	**give(s)**	**gave**	**given**
go（行く）	**go(es)**	**went**	**gone**
know （知っている）	**know(s)**	**knew**	**known**
see（見る）	**see(s)**	**saw**	**seen**

対で覚える形容詞

266	different	異なる
	⇔ same	同じ
267	special	特別な
	⇔ ordinary	普通の
268	long	長い
	⇔ short	短い
269	difficult	難しい
	⇔ easy	簡単な
270	expensive	高価な
	⇔ cheap	安価な
271	local	地方の
	⇔ urban	都会の
272	true	本当の, 正しい
	⇔ false	誤った
273	safe	安全な
	⇔ dangerous	危険な
274	strong	強い
	⇔ weak	弱い
275	female	女性の
	⇔ male	男性の
276	wrong	間違った
	⇔ right	正しい
277	poor	貧しい
	⇔ rich	裕福な
278	warm	暖かい
	⇔ cool	涼しい
279	dirty	汚い, 汚れた
	⇔ clean	きれいな, 清潔な
280	possible	可能な
	⇔ impossible	不可能な
281	low	低い
	⇔ high	高い

数量・程度を表す形容詞

282	last	前の, 最後の
283	another	もう一つの, 別の
284	enough	十分な
285	ready	用意ができて

> ready for A で
> 「A の用意がある」

286	tired	疲れている
287	successful	成功した
	動 succeed	
288	similar	似た
289	extra	余分の

290	wonderful	すばらしい
291	perfect	完璧な
292	famous	有名な
293	important	重要な
294	afraid	恐れて
295	favorite	お気に入りの
296	traditional	伝統的な

297	delicious	おいしい
298	beautiful	美しい
299	angry	怒って
300	friendly	友好的な
301	healthy	健康的な
302	colorful	色彩に富んだ
303	main	主な

条件を表す副詞

304	even	～でさえ
305	instead	代わりに

🔈 instead of ～で「～の代わりに」

306	anyway	とにかく, やはり
307	probably	たぶん, おそらく
308	though	でも, やっぱり

309	yet	まだ, もう
310	easily	たやすく
311	else	そのほかの
312	especially	特に
313	quite	かなり

時・場所を表す副詞

314	later	あとで
315	quickly	急いで
316	recently	最近
317	once	一度
318	nowadays	最近
319	therefore	それゆえ
320	lately	最近
321	nearly	ほとんど
322	twice	二度

🔈 3回目以降は～ times 例）three times

323	forever	永遠に
324	sometime	いつか
325	hardly	ほとんど～ でない
326	far	遠くに
327	actually	実際, 実は
328	abroad	外国に

13

1 ☐ **look for ~** ～を探す	He is looking for the wallet which he lost three days ago. 彼は3日前になくした財布を探しています。
2 ☐ **because of ~** ～が理由で	The train was delayed because of the heavy rain. 大雨が原因で電車は遅れました。
3 ☐ **as a result (of) ~** ～の結果	As a result of discussion, the project was postponed. 議論の結果，プロジェクトは延期されました。
4 ☐ **for example** 　**[for instance]** たとえば	He loves animals, for example, dogs and cats. 彼は犬や猫といった動物が好きです。
5 ☐ **take care of ~** ～の世話をする	She took care of her brother. 彼女は弟の世話をしました。
6 ☐ **help A (to) do** Aが～するのを手伝う	I helped my father wash his car. 私は父が車を洗うのを手伝いました。
7 ☐ **ask A to do** Aに～するよう頼む	John asked his father to pick him up at the airport. ジョンは父に空港まで車で迎えに来てもらうよう頼みました。
8 ☐ **more and more** ますます多くの	Recently, more and more foreigners have visited Japan. 最近，ますます多くの外国人が日本を訪れています。

14

9 □ **each other** 　　お互い	**They are staring at each other.** 彼らは互いに見つめ合っています。
10 □ **come from** 　　由来する	**Many English words come from Latin.** 多くの英単語はラテン語に由来しています。
11 □ **in fact** 　　実際	**In fact, this product didn't sell well.** 実際，この商品は売れ行きがよくありませんでした。
12 □ **such as ~** 　　～のような	**My father likes to watch plays such as Shakespeare.** 私の父はシェイクスピア作品のような演劇を見るのが好きです。
13 □ **all over ~** 　　～中で	**This song is still loved all over the world.** この歌はいまでも世界中で愛されています。
14 □ **these days** 　　最近	**These days, I'm feeling tired.** 最近，私は疲れを感じています。
15 □ **for free** 　　無料で	**Please help yourself for free.** ご自由に無料でおとりください。
16 □ **more than ~** 　　～以上，～より多く	**The result was more than expected.** その結果は想像以上でした。
17 □ **on the phone** 　　電話で	**They have been talking on the phone for two hours.** 彼らは2時間電話で話しています。

| 18 ☐ **by the way** | By the way, how's the project going? |
| ところで | ところで，そのプロジェクトはどうなっていますか。 |

| 19 ☐ **find out** | A researcher found out new material. |
| 見つけ出す | ある研究者が新しい物質を発見しました。 |

| 20 ☐ **do well** | The store he opened two years ago is doing well. |
| 成功する | 彼が2年前に開いた店は成功しています。 |

| 21 ☐ **in the past** | I have met that actor in the past. |
| 過去に | 私は過去にあの俳優に会ったことがあります。 |

| 22 ☐ **next to ~** | I live in the house next to Mr. Hamada. |
| ～の隣に | 私は浜田さんの隣の家に住んでいます。 |

| 23 ☐ **pay for ~** | He paid for rent. |
| ～の代金を払う | 彼は家賃を払いました。 |

| 24 ☐ **wait for ~** | I have been waiting for my friend for an hour. |
| ～を待つ | 私は友達を1時間待っています。 |

| 25 ☐ **want A to do** | She wanted you to tell her the way to the post office. |
| Aに～してほしい | 彼女はあなたに郵便局への道を教えてほしがっていました。 |

| 26 ☐ **work for ~** | He worked for Apple two years ago. |
| ～で働く | 彼は2年前Appleで働いていました。 |

27 ☐ **cut down ~** 　〜を削減する	**The goal of cutting down CO2 was achieved.** CO2を削減するという目標は達成されました。
28 ☐ **in addition to ~** 　〜に加えて	**In addition to the rain, the wind was blowing.** 雨に加えて風も吹いていました。
29 ☐ **take part in ~** 　〜に参加する	**He took part in the important meeting.** 彼は重要な会議に参加しました。
30 ☐ **even if ~** 　たとえ〜でも	**Even if he doesn't change his mind, I would never give up.** たとえ彼が考えを変えなくても，私はあきらめません。
31 ☐ **look forward ~ing** 　〜するのを楽しみにする	**I am looking forward to seeing you.** 私はあなたに会うのを楽しみにしています。
32 ☐ **stop A from doing** 　Aが〜するのをやめさせる	**The heavy rain stopped me from going out.** 大雨なので私は外出するのをやめました。

1 ☐ **Why don't we ~?** ～しませんか。	**A: Why don't we play a catch?** キャッチボールをしませんか。 **B: That's good.** いいですね。
2 ☐ **Why don't you ~?** ～したらどうですか。	**A: I need something to kill time.** 時間をつぶすのに何か必要です。 **B: Why don't you read this book?** この本を読んだらどうですか。
3 ☐ **Do you want to ~?** ～したいですか。	**A: Do you want to go out with me?** 一緒に外出しませんか。 **B: Sounds good.** いいですね。
4 ☐ **Can I ~?** ～してもいいですか。	**A: Can I play the guitar?** ギターを弾いてもいいですか。 **B: OK.** いいですよ。
5 ☐ **Do you have any plans ~?** ～の予定はありますか。	**A: Do you have any plans for next Sunday?** 次の日曜日の予定はありますか。 **B: I'll go to the library.** 図書館に行きます。
6 ☐ **What do you say to ~ing?** ～するのはどうですか。	**A: What do you say to going to that store?** あのお店にいくのはどうですか。 **B: Why not?** もちろんいいですよ。
7 ☐ **Do you feel like ~?** ～はどうですか。	**A: Do you feel like omelet?** オムレツはどうですか。 **B: Sounds good.** いいですね。
8 ☐ **You should ~.** ～するべきです。	**A: I have nothing to do.** することがないです。 **B: You should help your mother.** お母さんを手伝うべきです。

9 ☐ **How about ~?** 〜はどうですか。	A: **How about playing a video game?** テレビゲームをしませんか。 B: **I'm afraid I can't.** 残念ですができません。
10 ☐ **What about ~?** 〜はどうですか。	A: **What about going to Kyoto?** 京都に行くのはどうですか。 B: **That's cool.** いいですね。
11 ☐ **May I speak to ~?** 〜に代わって いただけますか。	A: **May I speak to Jane, please?** ジェーンに代わっていただけますか。 B: **All right.** わかりました。
12 ☐ **Excuse me, but~.** すみませんが，〜。	**Excuse me, but would you tell me how to solve this question.** すみませんが，この問題の解き方を教えていただけますか。
13 ☐ **How can I get to ~?** 〜への行き方を教えて ください。	**How can I get to the City Hall?** 市役所までの行き方を教えてください。
14 ☐ **Could you tell me the way to ~?** 〜までの道を教えてい ただけますか。	**Could you tell me the way to the Higashi Aquarium?** 東水族館までの道を教えていただけますか。
15 ☐ **How long does it take ~?** どのくらい時間がかか りますか。	**How long does it take to get to the station?** 駅に着くまでどのくらい時間がかかりますか。
16 ☐ **Where is the nearest ~?** 一番近い〜はどこですか。	**Where is the nearest convenience store?** 最も近いコンビニはどこですか。
17 ☐ **Hold on, please.** お待ちください。	A: **May I speak to Mr. White?** ホワイトさんに代わっていただけますか。 B: **Hold on, please.** お待ちください。

18 ☐ **Would you like to leave a message?** 伝言を承りましょうか。	A: **May I speak to Mr. White?** ホワイトさんに代わっていただけますか。 B: **I'm afraid he's out.** 申し訳ありませんが彼は外出中です。 **Would you like to leave a message?** 伝言を承りましょうか。
19 ☐ **You have the wrong number.** 番号を間違っていますよ。	A: **Is this number Tina?** この番号はティナですか。 B: **You have the wrong number.** 番号を間違えていますよ。
20 ☐ **May I have your name?** お名前を伺ってもよろしいですか。	A: **Is there Mr. Smith?** スミスさんはいらっしゃいますか。 B: **May I have your name, please?** お名前を伺ってもよろしいでしょうか。
21 ☐ **You can't miss it.** すぐにわかりますよ。 【間違いませんよ。】	A: **Where is the city hall?** 市役所はどこですか。 B: **Turn left at the second corner and you'll see it on your right.** 2つ目の角を左に曲がって右側にあります。 **You can't miss it.** すぐにわかりますよ。
22 ☐ **It's at the end of the street.** この通りの突き当りにあります。	A: **Could you tell me the way to the nearest convenience store?** 一番近いコンビニへの道を教えてくださいますか。 B: **It's at the end of the street.** この通りの突き当りにあります。